股狂日记

伯纳德·琼斯投资日记第三部

Dunces with Wolves

The Third Volume of the Bernard Jones Investing Diaries

［英］尼克·劳斯（Nick Louth） 著

王著定 译

中国人民大学出版社

·北京·

享誉盛名的伯纳德·琼斯投资日记

在这本书里，作者尼克·劳斯为今天这个金融时代塑造了一位缺乏英雄气概的主人公。为了给自己无忧无虑的金秋年华准备充足的养老金，他殚精竭虑；为了抗议安装底部有轮子的垃圾箱，他跟市政委员会针锋相对；为了捍卫吃蛋糕与饼干的喜好，他与妻子吵吵闹闹。伯纳德·琼斯为了我们大家的利益而奋斗着。

——Matthew Vincent，《金融时报》

尼克·劳斯把一位业余投资者生活中的欢乐与痛苦准确、生动地呈现在我们眼前，而他只是想让自己的退休养老金再多一点儿。尼克幽默搞笑且机智诙谐地把焦点放在了主人公的人际关系以及脆弱情感上面，这是一本必读的书，而且无须专业的金融知识即可享受其中的乐趣。

——Ashley Seager，《卫报》

正当“鸡仔文学”（由女性创作且主要面向女性的文学流派）的代表人物布丽奇特·琼斯（《BJ 单身日记》的主人公）被男人们死缠烂打的时候，我们这位退休的普通男主角伯纳德·琼斯正在辛辛苦苦地钻研投资秘籍而不得要领。任何投资者都会把这本书中妙趣横生的人物形象与现实人生对号入座。

——Brian Durrant，《舰队街通信》投资部主编

伯纳德·琼斯历经种种考验，有来自生活、婚姻、朋友和邻居的考验，也有来自投资的考验。伯纳德的经历值得一读，因为他已经逐渐成为一个经典人物。

——Chris Crowcroft，《投资者纪实》杂志读者

阅读此书时，我发现自己时而开怀大笑，时而忍俊不禁！

——Mark Hobhouse，《投资者纪实》杂志读者

我一直喜欢《伯纳德·琼斯日记》。主人公想享受退休生活，因

此处处显得狡猾老到又不失有些知识学问（虽然并不太多）。我希望他一路顺利。

——Eric Cox，《投资者纪实》杂志读者

认同伯纳德·琼斯这个人物，并熟悉他描述的各种人生境遇是相当容易的事情。我甚至感觉他就像一位知心老友一样跃然眼前。他的投资日记是这本杂志中我首先要看的一页。内容总是非常吸引人，而且相当搞笑。

——Leonard Spark，《投资者纪实》杂志读者

小投资人伯纳德·琼斯总是被生活捉弄，中年危机、老婆、一对成家的儿女、年迈的母亲、糟糕的邻居以及各种投资。他唯一的乐趣是偷偷摸摸地吃甜点，且尽情地玩霍恩比火车模型。当邻居家里来了外国交换生，他的生活又随之多了一分色彩。

——Joe Vella，《投资者纪实》杂志读者

伯纳德和我算是神交已久的好朋友……我们都有着同样拙劣的投资风格，眼光迷惘、马马虎虎、感情用事地投资，喜欢饮酒，喜欢巧克力，而不是像专业投资人那样沉着淡定地对各种投资信息进行理性的分析。

——Gordon Gray，《投资者纪实》杂志读者

个人投资者的必读书……与伯纳德分享生活的起起落落，每时每刻他都在与“胜利”和“失望”这一对孪生的假想敌作斗争（当然，这并非什么不幸的事情）。

——Tony Watson，《投资者纪实》杂志读者

不要错过伯纳德的日记，它将让你的日子变得豁亮起来。我是这个栏目的粉丝，它的内容确实栩栩如生。

——Paul Hunt，《投资者纪实》杂志读者

内容简介

INTRODUCTION

在现实生活中，伯纳德·琼斯是一个失败者。这位退休的公务员兼业余投资人经常让机会从自己的指缝间溜走。对他而言，机会就像酒店客房浴室里最后剩下的一小片肥皂那样滑不留手。伯纳德与望夫成龙的尤妮斯结婚已经有几十年了，他因此感到十分懊丧、颓废，便经常躲在客厅后面的书斋里，沉迷于自己的爱好。他把这个地方命名为"柠檬斯坦"（Lemon Curdistan）。在这个我行我素的王国里面，他把自己变成了电脑的奴隶，梦想着股市暴富能够让自己实现腰缠万贯的梦想。

尤妮斯的情欲并没有随着年龄的增长或者衣带渐宽而有丝毫减弱的迹象。她为丈夫制订了一种全然不同的生活规划，伯纳德给这种无聊透顶的生活规划起了一个绰号，叫做"河马撩逗"[①]。尤妮斯没有认识到，丈夫在这方面的欲念已经完全枯萎打蔫了，正如哈罗德·威尔逊[②]在担任英国首相期间曾经让英国人口袋里的英镑经受过一次雪上加霜的打击那样。但是，尤妮斯是一个摩登女人。她有两个朋友，一个是时尚的素食主义者厄姆格德，另一个是街坊达芙妮·汉森·哈特。尤妮斯从来不知道为伯纳德避讳，她一向口无遮拦，经常当众批评丈夫在养老金理财方面管理不善，疏于床笫之欢，

---

① Hippopotamus manoeuvres，河马撩逗花招。河马常常用尾巴把粪便撩拨向四周，既可以攻击对手，也可以向自己心仪的河马示爱。——译者注

② Harold Wilson，1916 年生，英国政治家，曾任首相（1964—1970 年和 1974—1976 年）。他执政期间，罗得西亚（现津巴布韦）和北爱尔兰有暴乱，人们反对当时的物价和收入的政策。他于 1976 年辞职。——译者注

而且嘲笑他是个对老婆唯唯诺诺的“妻管严”。她旗帜鲜明地反对伯纳德在午前茶点时间吃他喜欢吃的奶油饼干和蛋糕。她引导他吃一些健康食品，最好是牛初乳酸奶啦，小扁豆啦，还有一些叫不出名堂的、经过“公平贸易认证”① 的稀奇水果。

虽然伯纳德已届花甲之年，但他的择时交易能力依然不怎么样。似乎每个忍痛割肉、卖出赔钱股票的机会都会被他错过。即便是瞎猫都碰上了死耗子，他也照样赚不了钱，因为一旦他在一只股票上面获得的盈利超过5%，他就会立即卖出，然后，眼睁睁地看着这只股票的价格继续飙涨。

伯纳德有个性格乖僻、糊里糊涂的母亲，名叫多蒂，她是个身价不菲的老富婆。伯纳德渴望自己能够继承母亲的财富。遗憾的是，他这位 90 多岁高龄的老娘虽然精神昏乱，却坚决不让儿子沾自己的财产。相反，她倒是把当地妇联的玛丽·艾丝特比当成了投资靠山。玛丽这个人不光具有钢铁一般坚强的意志，而且还善于理财记账。她赢得多蒂信赖靠的就是这个本钱。不过，她这样倒的确避免了伯纳德未来要继承的遗产随着英国的银行系统一起陷于崩溃。

钟声酒吧是一家肮脏不堪的酒吧。地狱钟声股票俱乐部的成员经常在这儿谈股论金，我们很容易从他们身上学到一些股票投资的独门绝技。这里有一群业绩平庸的股票投资劣等生，他们常年股票满仓却钱袋瘪瘪，即使绞尽脑汁也踏不准世界金融大鳄们的鼓点。总而言之，劣等生的投资业绩是每况愈下。股票俱乐部的股友包括：哈里·斯坦斯，一名年过七旬的前海军军官，他有史以来选出的最佳股票居然是 5 箱被丢弃在公共厕所旁无人问津的“猪肉肥肠”②。此外，还有一个成员名字叫沙马，他是个成功的乌干达商人，他抵押了自己生意红火的连锁便利店，把全部赌注都押到了几家摇摇欲坠的英国银行的股票上面。马丁·盖尔已经负债累累，他整天幻想着能找到脱贫致富的野路子，不过，实际上这些野路子只会叫他血

① Fairtrade，发展中国家农产品在英国贴此认证标志，价格较高，超额利润用于资助原产地的文教卫生事业。——译者注

② Pork scratchings，双关语，“pork”一词多义，一般指猪肉，此处指政客们用以笼络选民们的政府基金。——译者注

本无归。迈克·德莱尼喜欢咖喱饭，爱抽雪茄烟，所以只要是烟草公司的股票，他向来都坚持长线持有。钱特尔的父亲是做废旧金属生意的，因此她在身上到处开孔打洞，以便佩戴各种各样的稀有金属饰品。她是股票俱乐部里最年轻貌美的会员。可是，她的身份可不只是股票俱乐部里唯一的女性成员，她还是钟声酒吧的女招待。在决策的最后紧要关头，她总是坚信自己的直觉。俱乐部里本来还有另外一名女性成员辛西娅·沃肯伯格，她是伦敦金融区的银行家，在俱乐部里她是投资成就首屈一指的操盘高手。只是现在她已经被关进了美国的大牢，每天过着度日如年、备受煎熬的苦日子。要不然，俱乐部的股友们哪能像没头苍蝇似的茫然不知所措呢？

伯纳德有个蔫坏的小孙子，他没有这种烦恼。他叫迪哥比，是一个反基督教主义者。迪哥比现年 9 岁，是伯纳德那个经常阅读《卫报》的儿子布赖恩和儿媳珍妮特的独生子。他是鼓捣电脑的高手，而且很有商业头脑。他甚至还有可能成为一个世界级国际象棋大师，只是，这次他挑战的对手是“完美者”彼得·埃金顿。彼得是伯纳德以前的同事，也是一名投资专家。不过，这个坏孩子有点过于早熟，他想通过电脑网络跟东欧国家的黑手党取得联络。最终，这件事情不仅没有成功，而且还让伯纳德痛失了一个朋友。

从海外旅行归来，伯纳德给地狱钟声股票俱乐部带来了些许安慰。俱乐部成员们只知道在吉百利奶皮糖的包装纸上写有这些新兴市场国家的名称，却对这些国家一无所知。当他们亲眼看到这些国家的时候，他们才知道，原来这些地方除了有便宜的啤酒之外，那种异国情调的夜生活还充满了诱惑力。

最后，伯纳德那位 92 岁的老母亲骑着她那辆踏板式摩托车“莫里斯”离家出走了。正是在这个时候，伯纳德才最后认识到了这条真理：除了金钱之外，生活还有更多美好的东西；除了继承财产之外，幸福家庭还需要更多的亲情与关爱。

看好你的养老钱

如今，国人一切都要争个“赢在起跑线上”，连理财也要讲究个“从娃娃抓起”。其实，这是一个理财的误区。陆游《冬夜读书示子聿》诗云：“古人学问无遗力，少壮工夫老始成。纸上得来终觉浅，绝知此事要躬行”。归根结蒂，孩子的钱还是得自父母长辈，单是浅浅地培养其理财习惯已属不易，若论要他借别人的教训长自家的智慧恐怕就难免拔苗助长、自欺欺人了。相比之下，中老年人的理财需求目标更加明确、需求更加具体。尼克·劳斯这本《股狂日记》以小说的幽默感即是在向读者讲述家庭特别是银发一族如何捍卫金秋岁月的经济保障问题的故事。

在我国，养老金账户已经制度化，企业和员工分别缴纳一定比例的费用，退休之后即便不能保障山珍海味也能保障有碗稀粥。个人自主选择证券投资理财能够有效弥补公共养老机制与晚年幸福生活之间的缺口。我们自己也是时候要采取一些理财措施了，许多人已经意识到了这个问题。不过，证券市场从来都是自信者的天下。事实证明，普通投资者确实只能算是这个市场上的“劣等生”。这个系列小说的主人公伯纳德·琼斯认识到了这一点，老老实实地接受了平头百姓不得不在金融市场上与狼共舞的现实。因此，我们不要对股市寄托过高的期望。这本小说的基调就是这样实在。以为有了某种理财绝招，人人都能获得超额利润，战胜市场。这种说法不是谎言就是诳语。收益与风险总是共生的。对于普通老百姓而言，战胜银行存款利率已经是合格的投资者，战胜通货膨胀就算成功的投资者了。

故事的主人公伯纳德·琼斯有一个普通的家庭。他和老伴在一起过着老年人的“空巢”生活，儿子、儿媳和一个9岁的淘气包孙子已经另立家业。他是股友俱乐部的成员，这给了他一个广泛接触投资者的机会。俱乐部定期开会，小说也因此开始。如果你对股票、债券、地产投资感兴趣，强烈建议你读读这本小说。它用通俗易懂的语言，在讲述业余投资者跌宕起伏的投资生活的同时，还为你普及了投资的基础知识。这批投资者不盲从权威，他们自己也有不同的投资风格和生活兴趣。可以说，这本小说是通向财富之路的一个阶梯，其中简单实用的投资策略会让你受益匪浅。

在图书市场上，理财书籍真可谓汗牛充栋，动辄都要挂上“圣经”、“宝典”、“攻略”、“大全”之类的名号。其实大家都明白，我们这些半路出家的普通人空入宝山难得分羹者应该不在少数，与其好高骛远还不如明白一些浅显直白的基本道理。不过，目前访问像这种新手上路的投资指南尤其是生动活泼的小说类读物还真是凤毛麟角。在这里，投资世界跟大家吃饭穿衣的日常生活紧紧地联系在了一起，让你在现实生活中感受投资的道理。

这本小说是作者系列小说的第三部，序言和内容简介部分对故事情节的介绍也很精彩。因此，译者在此大可藏拙。虽说译者首先是读者，不过翻译也是一个累人的活儿。如今译事稍竣，心事略平，回首译事诸难时多人鼎力相助，不免心怀感激，特列其名，以资旌表：刁克利、和霞、王著宇、高海、张玉荣、王淑。他们分别负责翻译整理、图像处理、审校润色等项事宜。书中难免错漏欠妥之处，皆译者专责所在，奈何水平有限，敬请广大读者不吝指正。

王著定　谨志

2010年8月

前 言

FOREWORD

2005年圣诞节，伯纳德·琼斯（Bernard Jones）这个小说人物诞生于《投资者纪实》杂志社搞的那次创意特刊。大概三年以后，《股狂日记》（*Dunces with Wolves*）就成了《伯纳德·琼斯投资日记》的第三部，这或许恰好表明，瞬间即逝的思想火花也可以燃起一朵绵延不熄的生命之火。

本着一种实事求是的精神，我打算通过伯纳德的投资故事揭开专业投资人士那一层自命不凡、夸夸其谈的神秘面纱。我不想写那些让读者飘飘然且沾沾自喜的股神故事，也不想写神乎其神的创富传奇，比如“我在48小时内狂赚100万英镑，而且还能同时跟3个超级名模在游泳池边嬉戏”这种诱人的噱头。相比之下，我想写的故事更加贴近现实生活：“我在1小时15分钟内损失了1 283.46英镑，一是因为我忘了卖出诺森罗克银行①的股票，二是因为阁楼上的水箱在漏水，水渗到了楼下的卧室里面，把老婆收藏的若干件羊毛衫都给泡坏了。”

就为了泡坏羊毛衫这件事情，伯纳德·琼斯尴尬地站在通向阁楼的楼梯上，他必须虚心真诚地接受老婆的唠叨数落，这个时间似乎要比普通投资人受到数落的时间更长一些。确定无疑的是，他的老婆还对他修剪绿篱（hedge）的工作进行严格的督促检查，这种督促检查可比监管部门对于对冲基金（hedge）经理投资行为的监管要

---

① Northern Rock，英国大型银行之一，2007年受美国次贷危机影响，导致流动性不足，陷入储户挤兑危机。——译者注

严厉得多。伯纳德所获取的那些经验教训，无非是从成功的投资界朋友，即“股神”彼得·埃金顿那儿汲取经验，从一群钟声酒吧的地狱钟声股票俱乐部的业余投资人那儿吸取教训。其实，这些经验教训对于他来说并没有多大用处。

《股狂日记》不只是把我从前发表过的专栏文字结集出版。同前面的几部作品一样，其中超过 1/3 的内容是迄今为止尚未公开发表过的。我之所以这样做，主要有两个原因。第一，某些情节线索过于冗长，无法在杂志专栏的有限空间内尽数发表；第二，有些观点或许有点过火。至于真相如何，我想广大读者自有公论。如果你想体验一下一个税务督察员给你一个法国式亲吻会有什么样的感觉，你就得读下去，因为在《投资者纪实》的过刊里读者是找不到这个问题的答案的。[1]

这套投资日记系列丛书的第一部名叫《有趣的钱》（*Funny Money*），已于 2007 年 2 月由卢登仙图书出版社（Ludensian Books）出版。第二部叫《伯纳德·琼斯与财神庙》（*Bernard Jones and the Temple of Mammon*），已于 2007 年 11 月由哈里曼书屋出版社（Harriman House）出版。

互联网上还有更多有关伯纳德·琼斯及其他丛书人物的背景资料，您可以登录 www. bernardjones. co. uk 网站以及《投资者纪实》网站 www. investorschronicle. co. uk 查阅。笔者也欢迎读者朋友们反馈信息，不吝赐教，联系网址为 www. nicklouth. com。

[1] 不过，要了解“接吻交易”的税收减免政策，读者可参阅英国皇家税务与海关总署（HMRC）颁布的《投资收入免税申报指引》（*The HMRC Guide To Schedule D*）表格中标题为“其他口头交易”（Miscellaneous Oral Exchanges）的那一节（HMSO，2003）。

目 录

CONTENTS

第1章
理发风波

2007年9月11日，星期二：由理发引燃的怒火

今天是“9.11”恐怖袭击的纪念日，天空阴沉沉的。我知道，这个世界上的矛盾与冲突简直是无处不在。在伊拉克和阿富汗，真刀真枪的战争正在如火如荼地进行着，巴勒斯坦与以色列之间的军事摩擦持续升温。此外，在经济方面，各种冲突的隐忧也有很多：通货膨胀已如箭在弦上，各大银行纷纷陷入次贷危机的泥沼，国际原油价格迅速飙升。与此同时，不管国际金融风暴如何汹涌澎湃，哪怕原子弹的蘑菇云如泰山压顶般地铺天盖地而来，我还是雷打不动，每天都要紧盯着电脑屏幕，为一家人的股票投资操盘掌舵。恰在此时，我老婆跟她的发型师闹翻了。

尤妮斯突然闯进了“柠檬斯坦”。她告诉我，她的头发遭遇到了令人发指的大规模屠杀。乍一听，我感觉有些愕然。“柠檬斯坦”是我的书斋名称，位于家宅的背阴面。书斋里放着一台电脑，我正端坐在电脑前方，像一位孤独的船长凝神远眺，密切注视着全球金融投资领域的惊涛骇浪。

她气得够呛，有点上气不接下气地对我说：“你快瞧瞧，她把我的头发弄成了这个鬼样子！你快看看呀。”

“她是谁？把你弄成什么样？”

“你还是快点儿亲眼看看吧！这简直不亚于一场大灾难。明天晚上，我们两个还要参加圣西缅教堂的慈善招待会。贾尔斯爵士与托珀姆夫人这样有头有脸的人物也要出席呢。现在，我的头发被弄成这副德行，我简直没脸见人了，咋去赴宴呢！”

看着老婆那副不可一世的撒泼派头儿，我简直不敢相信自己的眼睛，我被吓得连连眨巴眼睛。她似乎已经忍无可忍，摆出一副准备给我致命一击的架势。

“看看，你快看看呀。这全是‘当红名模美发沙龙’的美发大师斯泰茜造的孽！”她一边说话，一边转过身去，用手撩起脖子后面的头发。说句老实话，我还以为是理发师把一把锯齿剪刀插进了她的脖子后面，只有剪刀的后把还露在头发外面；或者那儿在烫发时被烧伤了，留下了一块青紫色的伤疤；要么就是理发师锋利的刀片划伤了她的脖子，留下了斑斑血痕。可是，事情其实并没有那么严重。

脖子还是好好的，后面的头发只是有点儿微微上翘的波浪卷儿，看起来也还不错。不就是发型有点儿难看吗，有什么值得大惊小怪的。或许你要问我，她的头发是直的还是卷的？黑的还是白的？左分的还是右分的？我毕竟是个男人，我哪里懂得应该如何对老婆那一头秀发品头论足。不过至少有一点可以肯定，她的脑袋瓜子一定出了什么问题。虽然如此，有一点我十分明白，那就是自己必须在一分钟之内毫不犹豫地附和她的看法，不能反驳，不能迟疑。

“嗯，我不得不说，”我终于开腔了，不过有点儿迟疑不决，似乎想给自己留下一点儿思考的时间，“这个发型看上去真像是一个……”

像是什么呢？麻烦的是，现在我的脑海里只有一个形象浮现出来，这个形象虽然清晰生动，可是要是说出来她一定会不乐意：袋鼠的屁股。

我说：“嗯，这的确就像是……”我暗地里催促着自己，别磨磨蹭蹭的，有话就说，有屁就放呀！袋鼠的屁股，就是袋鼠的屁股，就是袋鼠的屁股！冥冥之中，我感觉自己内心有一个微弱的、自毁的声音催促我把话说出来，并且要大声吼出来，让全世界的人都听到。袋鼠的屁股，袋鼠的屁股，袋鼠的屁股！伯纳德，拿出点儿勇气来。告诉她那发型就像袋鼠的屁股一样丑陋不堪。

“好吧，恕我直言，从美发师给它染上的颜色来看，它有点儿像是袋鼠的臀部，对吧？”我终于把憋在心里的话说了出来。

犹如莫斯科大剧院的芭蕾舞女演员一样，尤妮斯的脚上也似乎踩着强劲的火箭助推器，她气冲冲地蹿到了我的面前。“什么？哪会是那种颜色，伯纳德！我的头发根本就没有被染上别的颜色，对吧？你快看看，我的头发是自然本色，那可是回头率最高的颜色，没有被染上别的颜色，对吧？”

“是吗？噢，是的。确实就是这种颜色。”我大声地说。啊，其实袋鼠前额的毛发颜色是没有什么问题的。我该怎么说呢？

“那么，问题到底出在哪儿呢？”我问道。

“伯纳德。问题相当明显。错就错在斯泰茜把我的发型全给弄乱了。一开始我就已经明确地告诉她我想要什么发型。现在，你瞧瞧，怎么给我的头发弄得跟个鸟窝一样呀！”

"是不是有点儿太短了?"她绝望了，彻底地绝望了。

"不，不，不，伯纳德。你给我过来。"她要我从书斋里走出来，到摆在门厅里的那面大镜子那儿去。在镜子前面，她要现身说法，绘声绘色地给我描述一下美发沙龙里的激烈争执。"长短倒还行，就是发型搞错了。在开始理发之前，我就告诉她我想让刘海蓬松一点儿，再来点儿波浪卷儿。现在你看看，她显然是心不在焉，居然把我的头发弄成了一层一层的。"她一边说话，一边用手把头发弄得蓬松起来，然后又把那些袋鼠屁股毛儿似的一绺绺头发打扮漂亮。

"啊。她可真是的。嗯，如果你不满意，我可以去投诉她。"

"我都已经投诉完了，"尤妮斯气哼哼地说，"后来，他们答应退给我 10 英镑作为赔偿。真是的，这太可笑了。"

"那你还不赶紧来个就坡下驴，接受赔款?"我说，"这不相当于他们免费给你做了一回头发吗!"

"哪能呢，伯纳德。要搁过去，保罗先生给我做头发至少也要收 35 英镑呢……"

"35 英镑，光是剪个头发就要收那么多钱!"

"不是的，伯纳德，这钱还包括洗发、染发以及形象设计费，然后才是剪头发的费用。不管怎么说，保罗好歹也是那儿的首席发型师，可惜 2006 年他就退休了。打那儿以后，我就让洛琳给我做头发，她也是一位资深发型师呢……"

"那，她是怎么个收费标准呢?"

"嗯，今年 7 月份所有资深发型师的价码都涨到了 38 英镑。不过，就在这个青黄不接的当口儿，斯泰茜也加盟了这家美发沙龙，她担任店里的发型设计总监。大家向我推荐她，都说她技艺高超，因为她曾经在巴黎大名鼎鼎的塞巴斯蒂安·梦特拉榭[①]美容院工作过。"

我从来没有听说过有这么一家名牌美容院。"好了，好了，来让我看看，到底哪儿没有弄好呀?"

---

① Sebastian 与 Montrachet 都是法国极品葡萄酒品牌名称，此处引为美容院名称，是文字游戏。——译者注

"嗯，好吧。我总共交了60英镑，退回的才区区10英镑，这又抵得了什么呢?"

我惊得连嘴巴都合不拢了。几十年如一日，我学会了忍气吞声，缄默不语，我想我已经能够心甘情愿地看着她花大把大把的钱买高档皮鞋、衣服、化妆品、私人用品，要没有这些东西，我这位徐娘半老的老婆哪堪入目呢？但是，我不能老这样惯着她。倘若她总是这样挥金如土，出手阔绰，那么我真的会感觉天旋地转了。每隔一周，我就要给伦敦郊区那些挥舞剪刀的黑手党上缴这么多保护费。

"我的老天爷，老婆，这么算下来，你这一年下来光做头发的费用就得1 500英镑呀！这比我们家上缴的家庭税[①]还多呢！你这是怎么回事，这钱到底花得值不值呀?"

"哎呀，上回我去做头发他们就已经提高价码了。他们说，现在就连国家最低工资标准都水涨船高了，美发沙龙跟风涨价不也是名正言顺的事吗?"

"胡说八道！按照最低工资标准，每小时的工资水平还不到6英镑。难道他们给你做做头发竟然需要10多个小时不成？还是他们派了十几个人的美发团队轮番上阵，小心翼翼地护理了你头上每一个年老色衰的毛囊?"

"伯纳德，应该生气的人是我，你生的是哪门子气呀……"

"这些关于首席发型师的评论纯粹是一派胡言。照这样子说来，还有什么不可能的事情？你就等着瞧吧，他们以后备不住还会聘请什么行政总裁级发型师，坐享120万英镑的年薪，乘坐总裁专机飞来飞去，享受着股票期权激励的大红包，在大门前架了吊桥的碉楼别墅里面，他们可以潇洒自在地入住总统套房。"

"哎哟，苍天在上，你说得也太夸张了!"

"看来，说真的，我想你真该学学细水长流、勤俭节约地过日子了。我理一次头发不过6.5英镑，而且要一个月才理一次。"

"伯纳德，你少拿冠冕堂皇的话做幌子。你总去找那个收费低廉、花里胡哨的理发师剪头发，还不是因为他那儿有不少《男士专

---

① Council tax，英国的家庭税。——译者注

刊》、《国际俱乐部》，汽车发烧友杂志和钓鱼发烧友这号杂志吗！那个理发店可真够脏的，连地板也从来不打扫，顾客全都是些浑身臭汗的工人和卡车司机。另外，”她一边上下打量着我那头发日渐稀疏的秃瓢，一边悻悻地说，“要是按照头发的数量来计算的话，收费 6.5 英镑的标准可是比当红名模美发沙龙昂贵多了。”

2007 年 9 月 12 日，星期三：岩石①也会垮塌

不约而同地，钱特尔和我来到了钟声酒吧的股票俱乐部。她说：“我去看看今天信箱里有什么信件没有。”

她把我们的信取来了，有一封航空信。信封上的寄信地址一栏写着“美国康涅狄格州丹伯里市联邦感化院”。里面只有一张简短的信笺。寄信人是俱乐部前任会员辛西娅·沃肯伯格。

我们都知道，辛西娅是一个风格时尚、雄心勃勃的金融奇才。她来自加拿大，操盘技巧堪称国际一流，而且精明强干。过去，她确实曾经让我们在股票投资与投资组合上面赚了个盆满钵满。不过，多年以前她曾参与经营一家总部设在安提瓜岛的 21 点扑克赌博网站，并担任非执行董事的职务。那时候，她专门为美国和全球各地的赌徒提供博彩服务。美国政府认为这种行为触犯了联邦电信法规，因为赌博类电信服务是法律明令禁止的。最初，法律明文禁止的赌博行为只是通过电报进行赌博活动，而现在，范围已经扩大到利用计算机网络进行的赌博活动。

就在两个月前，正当辛西娅在美国某个机场准备转机的时候，她被美国警方逮了个正着。现在她被关押在一处联邦劳教所，刑期 5 年。不过，我怀疑她是否真的能悔过自新。她在信中介绍了监狱里面的生活情况。那是一座女性监狱，虽然人身安全一点儿都谈不上，不过，伙食倒还不错，生活也算滋润。假如她是在州立监狱服刑，或许就没有这么走运了。

现在，我们已经与她撇清了干系。之前，她在股票俱乐部的证

① 此处的“岩石”是指 Northern Rock 银行，音译为“诺森罗克”银行，意译为“北岩”银行。——译者注

券资产当中占了大头儿，拥有绝对控股地位；现在，我们已经把她拥有的投资份额如数返还给了她。目前，股票俱乐部的股票资产已经所剩不多，简直可以说是少得可怜了。说实话，我们在必和必拓公司[①]这只股票上的投资收益一直很好，在短短的 6 个月时间里，这只股票的涨幅已经达到 38%，可惜我们当初只买了 100 股。沙马与我们这位离开俱乐部的前会员达成了一笔交易，她把自己的一些股票留给了我们，包括 200 股英国电信公司的股票，1 000 股银行自动转账公司[②]的股票，还有 200 股诺森罗克银行的股票。所有股票加在一起，市值也就只有 6 500 英镑多一点，剩下的现金就越发少了。

“依我看，咱们当初不应该买进那些银行自动转账公司的股票。”马丁说道。他刚刚通过一家类似的贷款中介公司跟自己的贷款银行达成了贷款协议。“这种公司只会趁火打劫，发别人的国难财。我的债务重组事务就是这样一种苦不堪言的经历，我给大家说说吧。”

“有话就说，有屁就放，”哈里回答说，“自从情人节以来，你还一直没有买过俱乐部的股票基金份额，不过，你现在一如既往地渴望买进一些股票。”

“我们在银行自动转账公司的股票上面也有过亏钱的时候，现在已经开始有一些盈利，对吧？”我问沙马。

沙马回答说：“嗯，要么坚定长线持股，要么我们可以把钱转投橡斋房产公司[③]的股票。我早就建议咱们不要持有房地产开发商的股票，因为现在房地产市场已经见顶了。当初买进这只股票的资金大约有 90%花的是辛西娅的钱，所以咱们必须把这些股票卖掉，把钱还给她。依我看，银行自动转账公司倒是一家能够抵御经济萧条的保险投资品种。”

“但是，你过去还老是劝我们购买诺森罗克银行的股票。”钱特尔说。今天，她把头发给漂成了白色，现在这个发型看起来就像是

---

① BHP Billiton，必和必拓矿业集团，由 BHP 和 Billiton 两家公司合并而成，是全球最大的采矿业公司之一。——译者注

② Debt Free Direct，原意为银行直接转账，不收费。此处为公司名称。——译者注

③ Oakdene Homes，地产公司名称。——译者注

“龙卷风过后的干草垛”。“如果房地产市场真的来个调头向下，那么这次股市下跌肯定要来个硬着陆。”

沙马慢慢悠悠地说，声音明显有点儿摆谱的架势：“钱特尔，你要明白，市场恐慌有两种，投资者担心的价格过高或者过低会形成一种恐慌；当他们不担心价格高低的时候也会有一种恐慌。你必须学会区别对待。”

“要是你早听我的话，买进我推荐的《星期日体育》杂志的股票，那么，我们现在早把100英镑赚到手了，”哈里说，“可是，我们却买进了诺森罗克银行这只股票，现在我们已经赔了100英镑。”

星期三晚上：理发风波的延续

因为在当红名模美发沙龙发生了可怕的毁发事件，尤妮斯直到现在还怒气未消。她决定在圣西缅教堂的慈善募捐晚会上戴一顶帽子，好遮掩一下自己乱糟糟的头发。可是，准确点说，这个东西简直就称不上是一顶帽子。坦率地讲，它就像是把一只在公路上被汽车轧死的野雉鸡粘到了一个中学女生的贝雷帽上。贾尔斯爵士和托普汉夫人给我们两个单独准备了一张宽大的沙发座椅，或许他们也担心自己会因为这顶帽子的缘故而被传染上鹦鹉热①。

不过，晚会上吃得还不错，我还勉强喝了几口葡萄酒。尤妮斯偶然碰到了她的邻居兼闺蜜达芙妮。趁她们两个交谈甚欢的时机，我偷偷地吞下了两块海绵蛋糕，幸好没有被这位胆固醇警察当场抓个现行。在我缓慢地颂唱圣经赞美诗的时候，我听到尤妮斯正在压低嗓门说，她再也不会光顾当红名模美发沙龙店了。我甚至听到，她当着达芙妮的面，叽叽喳喳地把这次伤心的遭遇又完完整整地诉说了一通。达芙妮总是向着她的，因此达芙妮不住地咂嘴嘘唏，同情尤妮斯的悲惨遭遇，说下次一定得再找一家理发店，而且这个美发店的收费水准也要够得上同样的档次。哎呀，我那来之不

① psittacosis，鹦鹉热，一种通常是由鸟传染给人类的不常见疾病，是由一种名为衣原体鹦鹉热的细菌所致。——译者注

易的钱又要跟我说再见了。

2007年9月13日，星期四：香奈尔5号的威力

晚上，我在英国广播公司的网站上读到一则新闻，英国的央行即英格兰银行已经批准向诺森罗克银行提供紧急贷款。等一下！这是怎么回事？我马上把诺森罗克银行7月25日发布的中报重新阅读了一遍。这家银行在中报中还说，自己的信贷规模有所扩张，市场份额也有所增加。要是这家银行没有钱，它怎么能够做到这一点呢？这家银行甚至还提高了每股的分红金额，因为按照《巴塞尔协议Ⅱ》[①]（鬼知道这是什么东西），它根本不需要这么多的资本金。

我决定打电话向彼得咨询一下，现在他应该已经结束休假回到家里了。他的妻子杰拉尔丁接的电话。她喋喋不休地向我诉说了他们两个人横跨西伯利亚的冒险之旅，她在塔什干淘到了精美的珠宝首饰，另外还有他们乘坐沙皇专列旅行中的种种趣事。"老实说，伯纳德，唯一不顺心的事情发生在乌兰巴托，一个凶悍的鞑靼人用刀顶在了我的腰眼上，这时彼得正在把我的行李箱装进出租汽车的后备箱里。"

"他要打劫吗？"我震惊地问道。

"那倒没有，其实，他只是想非礼我，"她无精打采地说，"那是在一条狭窄的街道上，在一条露天的下水道旁边。幸好，我身边一向都会带着香奈尔5号的香水喷瓶，那东西一喷进人的眼睛里，连成吉思汗都得俯首称臣，乖乖地成为我的手下败将。大使馆的特派专员妥善处理了这件事情。外交专员的老婆把自己的羊绒衫借给我穿，好让我把自己的羊绒衫清洗干净。要不是这样，那可就演变成一场真正的危机了。"

---

① BaselⅡ，是国际清算银行（BIS）的巴塞尔银行业条例和监督委员会的常设委员会——"巴塞尔委员会"于1988年7月在瑞士的巴塞尔通过的"关于统一国际银行的资本计算和资本标准的协议"的简称，于1998年进行修改，形成"新巴塞尔协议"，即"巴塞尔协议Ⅱ"。——译者注

这场贵族式的冒险之旅让我惊愕不已。不过，这时她才想起对我保证说彼得一会儿才能回我的电话，因为他得先读读最近的新闻再说。

2007 年 9 月 14 日，星期五：大侠彼得出手相救

早上 8 点，我坐在电脑旁，股市刚一开锣，诺森罗克银行的股票就开始呈自由落体式下跌，价格一路狂泻到 480 便士！8 点 5 分，彼得打电话来了，他的建议只有两个字：卖出。当然是十万火急，不过，我得赶紧找到沙马，因为股票俱乐部的账户信息就储存在他的笔记本电脑里面。我给他家里打电话，但是沙马太太说他没在家，出门去了。打他的手机老打不通，于是我给他发了个短信。这下，我恐慌得就像热锅上的蚂蚁。我试着给哈里打电话，但是接电话的是他那位长期忍受疾病折磨的老婆埃芙丽尔。她说丈夫一大早就匆匆忙忙开车到布罗姆利去了。

“他有啥急事？”我问。

“哎呀，我们的家庭储蓄都存在诺森罗克银行，这家银行距离这儿最近的储蓄所就在布罗姆利附近。我猜，他这会儿肯定是在排长队呢。”

我忽然想起，尤妮斯在诺森罗克银行也有个存款账户，可是我不知道她在那儿有多少钱。现在，她正在看电视，这会儿电视台正在重播肥皂剧 *Emmerdale*。我知道这时候自己最好还是不要打搅她，因为我要告诉她的事情只能给她火上浇油。

我又拨通了彼得的电话。我向他说明我目前遇到的麻烦。一如既往，他给我提出了参考意见：“好的，伯纳德。我打算这么办。我有一个多年前开办的差价合约账户，我可以在诺森罗克银行这只股票上做一个空头卖出的仓位，建仓数量等于你们股票俱乐部的持股数量。这样一来，至少在你能够把股票卖掉之前，它可以对冲掉股票在价格进一步下行时的风险敞口。我会用自己获得的利润为你们股票俱乐部挽回经济损失，不过，假如股价出现报复性反弹，俱乐部必须包赔我的经济损失，这样做好吧？”

真是天无绝人之路！哎呀，我要是也能像彼得那么聪明，一切

就好办了。我们一直持有一些我们根本就不看好的股票，可是一时又舍不得卖出。他则是一只股票也没有，但是通过空头交易就能够卖出股票，他确实让我们避免了未来可能发生的一些经济损失。

第2章
最低工资标准

2007年9月15日，星期六：银行挤兑风潮

在吃早餐的时候，我向尤妮斯透露了诺森罗克银行濒临破产的消息。这个消息真的让她吃了当头一棒，急得不得了。她记得多年以前确实在诺森罗克银行开过一个账户，但是存折早就不知哪儿去了，也没有这家银行出具的任何存款、取款单据。我问她账户里有多少钱。

“我也记不清了，伯纳德。约摸有15 000英镑或者16 000英镑的样子。我想起来了，我妈过世的时候，我把她的家具和大部分家族藏画都卖光了，所得钱款全都存进了这家银行。”

她开始给诺森罗克银行的客户服务部打电话。我则试着登录银行的网站。结果，电话占线，网站关闭。尤妮斯特别沮丧，因为她已经和达芙妮约好了，她要帮助达芙妮在一家图书馆举行一个水彩画展览。这个图书馆离我们家有20分钟的车程。在我眼里，达芙妮那幅名为“黎明的港湾”的水彩画应该取名为“废旧卫生纸回收站发生的大爆炸”才更加确切。但是，莫名其妙的是，居然有人花200英镑把这幅画买走了，其实尤妮斯也非常想买这幅画。

我对她说：“政府已经为所有的存款做了兑付担保，所以你一点儿也不用担心。”

“我的天啊，难道你真是昨天才降生的天真婴儿吗？”她一边说着，一边披上了她那件中国刺绣上衣，脸上露出一副“瞧瞧，我才是时尚艺术代言人”的骄傲神情。“请你记住‘首相，是这样的吗？’这句话。请你注意，在官方正式辟谣之前，千万不要相信任何事情。就是排一个星期的长队，我也要把我的钱拿回来。”

当然，表面看来，经过那种愿意花上整整一星期时间在银行门口排队，躺在睡袋里面，待在布罗姆利那种到处都是狗屎和口香糖的人行道上的严格考验的朋友才是真朋友。尤妮斯委派我翻阅她的文件袋，寻找银行账户的号码，然后替她到储蓄所排队等候，直到她来为止。当然，我自己的银行凭证都是按照字母顺序整理得井井有条的，它们都被放在柠檬斯坦的档案柜里。尤妮斯的银行凭证在哪儿呢？正如她临行前向我大声吆喝的那样，它们都被放在床垫子下面，或是夹杂在一摞《世界主义者》杂志里面。

早上10点钟刚过，我就开始在装满杂志的陈年邮包里翻腾起

来。邮包里有*Cosmopolitan*、*Elle*、*Marie Clarie*杂志，还有其他花哨的无聊杂志。这些杂志里面夹着许多东西：一本杂志让读者展开竞赛活动，获胜者可以知道自己的一个新的性感区域；一本杂志举行抽签中奖活动，中奖的读者可以赢得一个小盒子，里面是一个贴着乔治·克鲁尼①照片的电动剃须刀。然而，在我看来，最明显的事实是，它们绝对没有教导读者如何让丈夫把自己爱玩的铁路模型付之一炬。最后，我找到了一个礼品盒，上面还绑着彩带。我打开盒子，心想这回我可算把银行存取款的清单给找着了。可是，扫兴的是，打开盒子，我看到里面有一个看似振荡器的东西。这是一个蓝色的橡胶玩意儿。手柄上面的按钮要比霍恩比②玩具公司的火车站点遥控器上的按钮还要多，旁边还有一些小"豆豆儿"。看到这个东西，安萨莫斯商店③的信用卡刷卡账单的谜团也就迎刃而解了。更让我震惊的是，我发现老婆居然还有一本《花花女子》④。我随便翻了一下，发现这本杂志居然比我原先想象的肉麻得多。

我赶紧把这个吓人的东西放回盒子里面。然后，我双手颤抖着，继续寻找诺森罗克银行的相关存取款凭据。最后，我终于在一个破旧的信封里找到了一本发黄的诺森罗克银行存折。存折上的开户日期是1992年，开户当日存款数额为12 837英镑。这一下，我又紧张起来，赶紧跳进那辆沃尔沃汽车，向布罗姆利驶去。

2007年9月16日，星期日：一无所获的漫长等待

昨天，我站着排了4个半小时的队，这种排队非常具有英国风格。队伍里面各色人等都有。其中有一名穆斯林学生，他要保住自己的学费；一个在柏孟赛闹市区⑤开鲜花店的女店主，她希望从银行

---

① George Clooney，电影演员，2006年第78届美国奥斯卡奖最佳男配角。——译者注

② Hornby，玩具品牌。1898年英国利物浦人弗兰克·霍恩比（Frank Hornby）发明了螺栓、螺母拼接的金属插件玩具。1907年创立这个品牌，并日趋国际化。——译者注

③ Ann Summers，英国一家女性内衣及性玩具商店。——译者注

④ Playgirl，与《花花公子》（*Playboy*）一样，也是一种情色杂志。——译者注

⑤ Bermondsey，古董跳蚤市场，伦敦最热闹的场所之一。——译者注

取出自己一辈子的积蓄；还有一个糊里糊涂的老派人物，他身上穿着颜色鲜艳的运动夹克，盘算着为自己的按揭贷款办理一个转按揭手续，从而转到一家更加安全可靠的银行。尽管银行员工都可能面临着裁员失业的命运，他们仍然坚持做到微笑服务，为人们端上茶水和咖啡。我敢肯定，他们一定也和我们一样震惊。当尤妮斯赶到这儿的时候，时间已经是下午 3 点 40 分，她的时间拿捏得真好，因为这时候我刚刚跨进储蓄所的大门。

当我们两个终于来到柜台前面的时候，那个可怜的银行出纳看起来早已疲倦不堪了。她输入了账户号码，抬起头瞟了一眼，然后对我们说："账户里只有 16.22 英镑。难道你们想要全部取现，然后注销账户吗？"

正当尤妮斯准备编造借口推卸责任，进而跟我大吵大闹的时候，我已经气得不行了。我跌跌撞撞地从银行走了出来，找到一个银行自动提款机，然后用头轻轻地撞墙。

在我们回家的路上，尤妮斯说，"随便你嘲笑我、讽刺我吧！那又有什么用！我哪儿能记得那些陈芝麻烂谷子的事情，早在 1998 年，我已经把这笔钱转存到了哈利法克斯银行，时间过了那么久，我哪能有那么好的记性？"她一边说话，一边轻轻地用手指弹着那张银行给她打印出来的银行存取款清单。

"可是，你为什么不干脆把这个银行账户给注销了呢？"我几乎是哭丧着脸说，"至少我们今天不至于会遇到这么多的窝心事儿。打昨天开始，我就在这儿排队，这浪费了我多少时间啊！就为了那么一丁点儿存款余额，连发个最低工资还不够呢。"

"当然够不上了。一个女人总不能因为丈夫爱自己或者因为丈夫与自己患难与共就给丈夫开工资吧。"尤妮斯说道，语气很果断。

2007 年 9 月 18 日，星期二：股票期货平仓的结果

谢天谢地！大慈大悲的彼得抵消了股票俱乐部在诺森罗克银行股票上面的风险敞口。星期一，我终于找到了沙马，指示他卖掉这些股票。这个时候，这只股票的价格已经狂跌到了 280 便士。不过，彼得那份空头卖出的差价合约已经在星期五开始为我们止损，当时

的股票价格是460便士。因此，我们每股只不过损失了718便士减去460便士，也就是258便士。我们一共持有200股，这意味着股票资金又有516英镑打了水漂。反过来说，要不是彼得出手相救，这个损失数字可能会翻番。我真是后悔莫及啊，我们要是听从了哈里的投资建议，买进一些《星期日体育》杂志的股票，那该有多好啊！

2007年9月19日，星期三：抢占彼得的差价收益

股票俱乐部会议正式开始，大家都很庆幸总算挽回了不少经济损失，这得感谢彼得的大力支持。于是，大家一致同意向他表示感谢。只有哈里看上去有点儿沾沾自喜，毕竟他也逃过了诺森罗克悲剧性下跌这一劫。沙马感觉特别轻松，认为这还多亏他的建议。

"那么，彼得空头平仓的价格是多少，伯纳德？"沙马问我。

"我不知道。我还以为你早已和他协商妥了，明确了股价的高点与低点这类事情呢。"我回答。

"伯纳德，我可没有跟他谈这个，再说，我哪有时间呀。我刚刚才把咱们的诺森罗克银行股票卖掉。作为总协调人，你可是太落伍了。你还没有给他打电话吗？"

"呃，我还没打呢。我以为你会打电话给他的。"我回答。

"你的意思是说，他现在还持有着那个空头仓位？"钱特尔说。我们大家都围拢在沙马的笔记本电脑旁边，他正在察看股票行情。这会儿，诺森罗克银行的股票价格已经跌到了255便士。

"等一下，这对于咱们来说是利好还是利空？"我问。

沙马说："肯定是利好，但是假如价格反弹到280便士以上，那就太糟糕了，因为这样的话彼得赚到的利润就不足以弥补咱们因为股票价格跌穿460便士而遭受的损失。"

"但是，咱们以前不是还希望它的股价上涨吗？"我问道。这回我也被完全弄迷糊了。

沙马不耐烦地说："是的，伯纳德。当我们持有股票的时候，在没有进行期货交易对冲下跌风险之前，我们确实希望它能够涨上去。

但是，现在通过彼得的卖空交易我们已经变成了裸卖空者[1]，而不仅仅是对冲风险的套期保值者了。”

我绞尽脑汁也弄不明白，脑子里面乱成一团，就喝了一大口戴姆森波特啤酒[2]。用这种艾尔啤酒[3]招待客人效果顶好，不过，它真的无法让我昏沉沉的脑袋清醒过来。在接下来的五分钟里，我还是犹豫不决，满脑子都是“赚”与“赔”两个字在打架。最后还是钱特尔打破了沉默，她问：“他的电话号码是多少？”

“谁的号？”沙马问道。

“当然是彼得的号。你说，难道咱们不该给他打个电话吗？”

大家都同意先给他打个招呼确实是当务之急。但是，当我轻轻地拍打着自己的夹克准备查电话号码时，这才发现电话号码簿并没有随身带着。钱特尔试着翻了翻投币式公用电话自带的号码簿，但是这里是钟声酒吧，这儿的电话号码簿基本上都被撕成了一条一条的。沙马试了试英国电信公司的免费在线电话号码簿，还是没有查到。于是我打回家想让尤妮斯帮我查一下，可直到下午 4 点 10 分了，尤妮斯还是没有接听我往家里打的电话。她最后终于回电话了，时间正好是 4 点 31 分。

“谢天谢地！”她把彼得的电话号码告诉了我。

“伯纳德，你就甭瞎侥幸了。假如你平常记得带上自己的电话号码簿，岂不更好？”

“最残酷的问题在于刚才股市已经停止交易了。”

尤妮斯生气地挂断了电话。我深深地吸了一口气，然后就给彼得打电话。可以理解，尽管我道歉不迭，他还是感到非常恼火。

“咱们都别往那儿想了，好吧？我可是给你们大家帮了大忙了吧，”他说，“请大家都默默祈祷好了，但愿没有人出价购买这只股票才好。”

---

① Naked Short (selling)，裸卖空，指投资者没有借入股票而直接在市场上卖出根本不存在的股票，在股价进一步下跌时再买回股票获得利润的投资手法。——译者注

② Damson Porter，啤酒品牌之一，深棕色，含有果汁，味道苦中带甜。——译者注

③ Ale，艾尔风格的啤酒。主要使用艾尔酵母，在分装时只进行轻微的过滤，具有果香复合口味，饮用温度较高的非标准化个性特征。——译者注

2007年9月20日，星期四：彼得出师告捷

早晨9点。彼得来电话了。他喜气洋洋地说，他在诺森罗克银行上的做空头寸已经以176便士的价格清空了。

"噢，那实在是太好了！"我回答道，一边计算着这样做到底是有利于俱乐部还是有利于他。我小心翼翼地问："你高兴吗？"

他说："我当然是高兴啦，我的空头仓位已经覆盖了你们俱乐部从460点到280点的下跌风险，而且我还把空头做到了176点，每股多赚了104点的利润，这部分利润是完全归我的。坦率地说，这并不符合我一贯的投资风格，不过，这种投资风格也真有其独特的刺激性。我不光替地狱钟声股票俱乐部挽回了360英镑的损失，而且我自己还赚了200英镑。"

2007年9月22日，星期六：石榴的神奇疗效

今天我可真算是有福气。一个人自由自在地玩着铁路模型，并模拟了一把1909年那次臭名昭著的布里斯托市坦普尔·米兹火车脱轨事故。尤妮斯又出去参加一个社会活动，这些人准备为修缮圣西缅教堂的屋顶募集资金。显然，建造屋顶用的铅的现货价格正在飙升，期货的目标价位也被不断推升，创出了历史新高。或许这些人应该事先购买一些必和必拓公司的股票才好。另外，他们还要拍卖我家冰箱里面装得满满当当的肉食、甜菜和小胡瓜，想到这一点，你就会以为这些钱已经足以给圣保罗大教堂盖上全新的金叶屋顶了。

下午4点，尤妮斯回到了家："我从妇联的摇彩抽奖处买了一些南瓜和石榴酸辣酱。大家都说这些食品对于治疗你的前列腺疾病有神奇的功效，"她一边说着，一边摇晃着那个罐子给我看，"啊，天啊，伯纳德，别那样直勾勾地盯着我看，怪吓人的。大家都说你应该吃点儿这东西，你可不能把那罐食品塞到什么犄角旮旯里。"

2007年9月24日，星期一：光晕游戏我可没赶上

布赖恩告诉我，两个星期以来，迪哥比一直跟他和珍妮特纠缠个没完没了，非要爸爸妈妈给他买个X-Box游戏机[①]不可。他想玩一款新鲜出炉的电子游戏，游戏的名称叫《光晕3》。这些东西到底是什么玩意儿，我也说不清。不过，假如哪个孩子没有这种游戏机和游戏，他们就不够“酷”。我那个当教师的儿子布赖恩就是这么对我说的。自从米坎奴玩具后来逐渐退出市场之后，我就再也没有碰过什么玩具了。当我听说这种电子游戏机和游戏软件的总价为299英镑的时候，我还是不禁大吃一惊。

“这个圣诞节礼物也真够贵的。”我说。

“噢，不。我巴不得圣诞节快点儿来到，”布赖恩回答，“这玩意儿是今天才刚刚上市的，他立马就想买上一套。你知道，要是他不能如愿以偿，他会有多调皮捣蛋。坦率地说，为了换取安定和谐的生活，花这个钱也是物有所值的。另外，现在购买这玩意儿还必须刷信用卡付款。”

是呀，要是布赖恩组织课堂教学就像他组织家庭生活那样软弱无能的话，我们的学校教育肯定也处于这样一种妥协连连的状态。这一回，迪哥比这个小魔头似乎已经把父母变成了供他随意操纵的傀儡。趁此机会，我上网搜索了一下《光晕3》的相关情况，情况确实出人意料。最新的X-Box游戏机的市场前景就寄希望于这款电子游戏了。微软公司在市场营销的促销广告方面已经投入了重金，广告费用甚至超过了好莱坞大片的制作费用。其实，如果你知道这款游戏更像是电影而不是电子游戏的时候，你就会发觉这种做法并没有那么愚蠢。真是无巧不成书，这款电子游戏正好就是一部电影，在玩游戏的时候，玩家可以控制电影里的人物。你甚至可以体验这款游戏的在线版本。无疑，当这款电子游戏的评论文章出来之后，微软的股价就该上涨了。

晚上11点30分。尤妮斯来到柠檬斯坦找我。“伯纳德，你错过

① X-Box，一款微软公司开发、销售的家用游戏主机。——译者注

了第 5 频道的那个节目，你不是一直想要看看这个节目，顺便了解一下北安普敦郡公立卫生所里面的流浪汉的生活情况吗?”

该死。我一直渴望到达文垂去，看看那儿的痢疾病院。

“哎呀，你正在干什么呀? 你的可可豆已经煮了两个小时了。可是，它怎么还像石头一样冰冷呀?”

“我在寻找偷猎者，”我告诉她，“到目前为止，我已经打倒了两个，可是我也被别人的等离子枪打中了一下，我必须想办法把那个警官弄到战地医院里去接受治疗。”

“我的天啊。你一天到晚在阁楼上玩火车模型，你可真够呛呀。我还以为你正在努力挣钱以保障我们退休后的生活，却未承想你正在玩西部牛仔与印第安人的枪战游戏。如果你正在以这样迅猛的速度返老还童，那么我准备在圣诞节给你买一个塑身器。”

2007 年 9 月 26 日，星期三：有些人很受伤

地狱钟声股票俱乐部会议。沙马手里挥舞着一份《金融时报》，向我们讲述了有关猪肉价格的专题报道。他说：“这个消息可真够瞧的吧?”

“还真是，”哈里说，“金轮餐馆一盘糖醋排骨的价格现在已经涨到了 7.85 英镑，而牛排就更可怜了，现在每盒牛排里面只有 3 块牛排。还好，我老婆只喜欢吃鸡肉。”

“不，我的意思是说，现在人们的肉类消费、生猪供应以及养殖场的发病趋势已经成了推升全球大宗农产品价格的真正动力。难道这还不算是一个惊人的变化趋势吗?”沙马说。

我同意他的看法，但是，我不能判断我们这些住在北肯特市郊区的人们在这个明确的趋势中能够做些什么。

“购买一些大宗商品的基金怎么样?”马丁问道。

钱特尔一边清理着钟声酒吧的柜台，一边说：“咱们确实应该采取点具体的行动了。猪肉价格上涨不光是因为现在能够买得起更多的猪肉，饲料价格的上涨也是原因之一。而饲料价格之所以上涨则是由于美国人如今正在把玉米加工成酒精。”

这个精辟的分析让我们大开眼界，大家都等着听她进一步的分

析评论。今天，我们这位酒吧女招待兼投资人把她的头发染成了橘红色与紫色相间的颜色，她嘴唇上涂着深色的口红，两肩的锁骨上方还点缀着三个金属钉。一眼看去，她简直就像是一名从摇滚歌星安德鲁·劳埃德·韦伯[①]音乐会上中途退场的观众。

她接着说："我说的大意是，猪肉价格高涨并不意味着投资生猪养殖行业能够给投资者带来很好的收益。"

"那么，投资种猪繁育产业怎么样呢？"我们听到一个操着约克郡口音的人说话了。说话者站在酒吧吧台前面，这是一个穿着肥大工装裤的小个子，他脸部瘦削，一嘴烂牙。"Genus 公司[②]发的是猪财，当然他们也发牛财。我买了他们的股票，收益还不错。"

哈里招手示意他到我们这儿坐坐。他自我介绍说他名叫拉塞尔·乔。这时，我才看到了他的工装裤上有个图标，上面印着"乔氏磨料有限公司：您家门口的研磨专家"。

看起来，拉塞尔是一个自力更生的人。他拥有经商经验，也愿意跟我们分享这种经验，总之，他说的就是这个意思："这就像你口袋里有现金，银行里有存款，可是，这没有什么了不起。假如你能让你口袋里的现金正常流动起来，那么你就非同一般了。"

他待了一会儿，询问我们的俱乐部都投资了哪些股票。哈里端给他一杯啤酒，他喝完之后就醉醺醺地走了。

"要是他有兴趣，我们是否可以让他也加入咱们的俱乐部？"沙马问道。

哈里说："我看咱们还得察其言，观其行，看看他愿不愿意给大伙儿买一圈饮料。任何一个股票俱乐部要是有一个马丁那样的吝啬鬼都够呛了。"

① Andrew Lloyd-Webber，摇滚明星。——译者注

② Genus，英国一家生物技术类上市公司，主要业务为种猪改良。——译者注

第3章
木偶苏帝被扫地出门

2007 年 10 月 4 日，星期四：布袋木偶的穷途末路

在《光晕 3》风靡市场之后，木偶苏帝还有什么前景可言？我读过报道，那个由私人的点击娱乐公司和吉尼斯·弗莱特风险投资公司共同控股的儿童木偶剧集——《苏帝与史威》，目前已经没有什么销路了。它们已经不能再指望把国外的品牌权益出售给表演布袋木偶戏的电视节目了。成千上万的孩子们要是听说吉尼斯·弗莱特公司的品牌资产净值已经从 200 万英镑大幅下跌到 32.4 万英镑，他们丝毫不会感觉奇怪。可是，为什么它还值这个钱呢？这叫我百思不得其解。另外，它也标志着一个时代的终结。木偶戏是一种根本不需要显示屏的直接娱乐方式，它似乎是某种来自黑暗的中世纪的东西。或许我也应该在自己的股票资产中找到某种类似的东西，以便反映那种代表未来的发展趋势。

2007 年 10 月 10 日，星期三：钦佩原来也很难

地狱钟声股票俱乐部的活动开始慢慢地走上正轨。哈里正在分析《赛马邮报》上面的投资机会，然后在报纸空白边上做着详细的笔记。

“你这样做，永远不会发财。”沙马说着。

“不这样做，我还是永远不会发财，”哈里反唇相讥，满嘴都是奶酪与泡菜卷，“关于向股票俱乐部推荐股票这件事，我只有两个词要说：‘诺森’和‘罗克’。”

正在此时，我们的朋友拉塞尔走了进来。他穿着一身便宜的光滑面料的西服裤子，走起路来还吱溜吱溜直响。他永远是个王婆卖瓜式的人物，上身穿着印有“乔氏磨料有限公司”字样的圆领汗衫。

“大伙儿还没有破产呢？”他咯咯笑着。

“如果你不给大伙儿买一圈饮料，大家就要破产了。”哈里小声嘀咕着。

拉塞尔给自己买了一杯啤酒，然后坐在桌子旁边盯着沙马的笔记本电脑看。“那么，你们的股票投资情况如何？”

马丁说：“赔钱的股票居多，除了必和必拓这只股票业绩很好之

外，其他股票全都在赔钱。”

“我一点也不奇怪。这个哈里连简单的加法运算都不会。”

“加法，我当然还是能做的，”哈里说，“其实，每年英国国税局都要给我写信，通知我的纳税申报税情况是如何之好。”

“真的吗？”钱特尔的语气显然有些震惊。

“简直无法相信。”沙马说。

哈里自鸣得意地笑着说：“每年 2 月份，他们就会写信告诉我说，‘亲爱的斯坦斯先生，我们不得不再次告诉你，你的报税数额是名列前茅的’。”

在一阵哄笑过后，甚至连拉塞尔都不得不屈服了，他给大伙儿买了一圈饮料。不过，当饮料送到桌上时，我们才发现原来每一杯都只有半品脱而不是一品脱。

2007 年 10 月 11 日，星期四：母亲的遗嘱

我母亲早晨 6 点来电话说，她感觉自己身体很糟糕。

我几乎都听不清她的声音。真正令人担忧的是，她昨天不小心跌了一跤，只是没有告诉我。“妈妈，到底怎么回事？”

“哎，我当时在宝姿专卖店购物，我的那辆莫里斯三轮摩托在足部护理品柜台出了状况。看到那儿人山人海的，我一般都会打个倒车，回到出售其他化妆品的柜台。这回，后面根本没有地方，因为有个肥胖的女人坐在椅子上，等待着开处方。所以，美容药房里的那个女士告诉我说，我应该在女性卫生用品柜台来个 180 度大转弯。可是，我的胳膊被挂在了杜蕾斯安全套的橱窗上面，我一调头，摩托车座椅就被拽到了橱窗上面。然后，我就跌坏了屁股。我脑子里闪过的第一个念头是：我的直肠一定又下垂脱出了。还好，实际上根本没有这么回事。他们把我解救出来，然后用救护车把我送回家。今天早起我的情况就好转了。”

母亲受伤这件事让我牵肠挂肚，她开始向我介绍治疗的详情。我打断了她的话，对她说，我要马上到艾尔沃斯[①]去一趟，然后把她

---

① Isleworth，伦敦附近地名。——译者注

带到我们家里住上几天。在拥挤不堪的 M25 公路上，我的汽车慢慢腾腾地爬行着，好歹最后终于赶到了。我看到她脸色苍白地坐在床上，周围还有很多手写的字条。

我轻轻地问："你又戴上了我老爹杰弗里的老花镜，是吗？这些纸条上写的都是什么东西呀？"

"我正在重新写我的遗嘱。我想我最好还是重新写一份遗嘱，"她眼泪汪汪地说，"我不想再活在这世上了。"

我的心就像拳头一样咯噔紧了一下。我看了看那一卷纸，纸上乱七八糟地写了许多像蜘蛛爬过似的潦草字迹。"我可以看看吗？"

她点点头。我看到遗嘱的第一项内容是"电驴子避难所"①。她要给那辆摩托车留下多少钱，我很难看清。

"妈妈。难道你不希望叫里德利先生来为你立遗嘱吗？这个遗嘱显得非常凌乱，而且都看不清楚。"

我又拿起其中的一张纸，可是我只读懂了上面一个稍微清晰的句子："我要给莫利斯留下一个斑马皮的软坐垫，外加 500 英镑。"

"你不能把那个厚厚的圆坐垫留给你的摩托车！你也不能在遗嘱上说要把现金留给它。它甚至连只猫都算不上。它完全是个没有生命的东西！"

显然这种情况要比我过去想象的更加严重。她的脑子还清楚吗？我看一点也不清楚。我想知道她把原来的遗嘱放在了什么地方。于是，我问她在哪儿。她指着床头柜对我说，遗嘱就放在写有"格利普与鲍提斯律师事务所里德利先生"名字的信封里。我双手颤抖地打开了信封，遗嘱文件整整齐齐，共有 15 页。但是，遗嘱已被人用剪刀剪过。还有，上面有各种各样的裁剪整齐的小孔。

"这到底是怎么回事？"我一边问她，一边用手指头戳着其中一个小孔。

"我说过了，我要把你的名字剪下来。我难道没说过吗？好吧，我真的是这么说的。"

① donkey sanctuary，原意为"驴子保护区"，这里是戏称，实际上指保存摩托车的地方。——译者注

2007年10月12日，星期五：刚愎自用的任性胡为

我简直不能相信，母亲居然把我从她的遗嘱中剪掉了……用一把剪刀！昨天，我把这个已经被剪得千疮百孔就像是小型装饰餐桌面巾纸似的遗嘱文件交给尤妮斯看。她认为这份遗嘱是她见到过的最有趣的遗嘱。可是，她的脸的另一边还在微笑着，因为多蒂现在就在旁边，她正等着从那次跌倒受伤的状况中恢复过来。虽然她来到这儿才24小时，可是她已经把我们逼得精神分裂了。首先，凌晨3点30分她就要起床开始忙活了，她剥掉防风根①的外皮，准备晚餐时食用。早晨4点15分，她还爬到床底下寻找哈罗德叔叔的水龟。(其实这东西早在1940年被一颗燃烧弹烧成了灰烬，一起烧毁的还有哈罗德收藏的那个参加布尔战争②胜利晚宴时所穿过的宝贵的晚礼服腰带。是的，我们只得提醒她过去的事情。因为这些东西让她想起了哈罗德这个人。)最后，在马马虎虎地睡了几小时之后，早晨7点钟我就睡不着了，因为我听到了持续不断的戳戳捅捅的声音。我从床上坐起来，猛然间看到多蒂笔直地站在我的床前，她的脸上戴着毒气面罩，身上穿的衣服少得可怜。我惊恐地尖叫了起来（换别人也会这样）。即使我恢复了镇静之后，我还是听不懂她那急促的喃喃低语。我把防毒面罩从她头上摘了下来，这一下，她的头发居然一绺一绺地直立起来，这可真够吓人的。

“为什么防空警报还没有停下来？一架德国V2轰炸机刚刚又降落了！”

“天啊，那是清道夫在收垃圾筒的垃圾，多蒂。”尤妮斯睡眼惺忪地说。

“但是，伯纳德，刚刚我还听到‘砰’的一声巨响！”

我解释说：“是的，那是达芙妮的垃圾筒遭到了清道夫的虐待。

---

① parsnip，欧洲防风草，因其粗大、锥状、可食用的白根而栽培。其根味甜而独特，通常烹调作为菜肴。——译者注

② Boer War，布尔战争。1899—1902年德兰士瓦共和国和奥兰治自由邦的布尔人政府联盟与英国政府之间为争夺德兰士瓦共和国和奥兰治自由邦的管辖权及商业利益而爆发的战争，战争以英国的胜利而告终。——译者注

垃圾清理工都快把达芙妮恨死了，因为多年以来她一直拒绝接受新式的有轮式垃圾筒。现在他们清空了垃圾筒之后，他们想把垃圾筒从卡车后面丢到她家的车道上，以便对她形成一定的威慑。那‘砰’的一声巨响就是这么回事。”

2007 年 10 月 16 日，星期二：总算松了一口气

多蒂现在感觉好一些了，我把她接到家里，也终于松了一口气。可是，很明显，用不了多久，她也必须住进老人院了。无论她是否把我写进她的遗嘱，专门看护老人的费用几年下来也会让诺森罗克银行在英格兰中央银行透支的现金显得像鸡饲料一样不值钱了。我自己在证券投资方面的市值只有少得可怜的 93 000 英镑。按照目前的退休金收入水平，这份收入根本不够支付英国的家庭税以及市政公用事业收费。但是，多蒂投资的证券资产，甚至都达到了 15 万英镑。她原本打算把它们转交给杰迈玛，现在她改变了主意，她要把这些财产留给社会文明事业。算下来，她现在的财产仍然大约还有 50 万英镑之多。再加上她的房产，她的资产总值将超过 100 万英镑。这些钱足够在法国风景秀丽的多尔多涅河边再买一处房子，每年再多来两次度假，购买一辆新汽车，甚至是一辆豪华的捷豹轿车。或许，这些钱还可以给尤妮斯做一次美容手术。再做个美容吸脂术，把美容手术后的创口重新黏合起来。剩下的难题只有一个，那就是怎样才能让她的脸型保持长期稳定，这就只能依靠环氧树脂黏合剂来加以固定了。

在她立遗嘱这件事情上，我必须再加把劲儿才行。明天，我就给她的律师打电话。如果我那个感情用事的女儿杰迈玛都能够从她那个没有头脑的老奶奶那儿弄到钱，我应该也能行。关键是如何才能想个好办法。

2007 年 10 月 17 日，星期三：钱字当头的养老院

我向股票俱乐部提议，我们应该购买一些养老院行业的股票。我热情洋溢地谈论人口统计学的问题，以及养老院这个产业很可能

会迎来兼并重组的良机。此外，养老院行业还可能获得很好的现金收入。

“我不同意你的看法，”迈克说，“过去，我爸就住进了一家所谓的养老院。人为财死，鸟为食亡。养老院的人也不是瞎忙活，他们辛辛苦苦还不是为了赚钱吗！养老院里的人手不够，连那些入住养老院的老年人的一日三餐他们都无法保障。我爸的晚餐经常是还没等他吃上几口就被人家给收拾走了。”

迈克一反常态的搅局行为真有点儿出乎我的意料。哈里接下来说：“看样子，我们刚刚创建了一个讲究社会伦理道德理念的投资俱乐部，不是吗？”

2007年10月22日，星期一：托比的爱情回归

这是一个宁静的夜晚，我又和铁路模型作了一晚上的伴儿。一种新型信号柜和一种汉勃[①]玩具油漆已经胜利在望了。晚上，尤妮斯打扮得像一个妖精似的外出了，和她一起走的还有好几个爱好编织的狐朋狗友，她们喜欢编织篮子[②]、花辫以及流苏花边，并还喜欢折磨家人。这一回，她们大概是要为万圣节排练节目。她们排练的那些节目也好不到哪里去。出乎意料的是，杰迈玛突然赶到了家里，还带上了一位神秘嘉宾：托比。

这位衣冠楚楚的男孩是她的前任男友，现在是金融街的经纪人。他在性取向方面的模糊暧昧是人类社会生活中最扑朔迷离的事情。现在，他重新对女孩子有了兴趣。好，万岁！他狂热地追求杰迈玛，使尽了浑身解数，包括一只拉布拉多犬。还别说，这条狗似乎真起了点儿作用。

于是，我一次又一次地请他们吃烘软的干酪，喝瓦尔波利塞拉葡萄酒[③]。我还要逗那只迷人的迄今为止还没有取名的小狗。故事就

---

① Humbrol，知名玩具油漆品牌。——译者注

② Basket-weaving，篮状编织，一种织物编织法，用双层线彼此交叉绕制，形成和编篮的图案相似的式样。——译者注

③ Valpolicella，知名葡萄酒品牌。——译者注

这样展开了。当然，我根本没有提她奶奶在遗嘱里已经提前把15万英镑赠与她这件事情。不费吹灰之力，她就得到了这笔遗产。当然，这笔钱也许大多都被她用来还清托比的大笔贷款。我也没有问托比，他与自己那位眉毛染色的前任男友卡洛斯在西班牙共同买下的那处房产现在到底卖了没有？杰迈玛只是说，他们的关系虽然历经了分分合合，柳暗花明，可是，现在他们还是很合得来。为了证明这一点，他们别扭地在沙发上搂搂抱抱地亲热起来，而且两个人还含情脉脉地大送秋波。这让我相当尴尬，我只得一个劲儿地跑到厨房里把烤肉用的平底锅洗了一遍又一遍。我看到唯一的积极因素是我们终于赶走了那个乔纳森。他是杰迈玛的老板，这个好色鬼倒还挺会装可怜。他是个已婚男人，现在我们终于把他淘汰出局了。不过，这很可能会让杰迈玛的律师生涯受到一定的负面影响。是的，现在她又重新投入了那个花花公子的怀抱，可是她的老板那一年一次款待雇员的盛宴恐怕她是没戏了。

2007年10月23日，星期二：律师，恼人的律师

尤妮斯不在家，正当我在卷一个（内卷果酱或奶油的）瑞士蛋糕卷的时候，电话铃响了。电话里传来一个女人的声音，听那动静，她的扁桃体一定肿得很厉害。这个女人说："请您不要放下电话，待会儿里德利先生要跟您说话。"大概一周之前，我曾经给这位律师打过电话。我想马上和他谈谈有关我母亲遗嘱的问题。可是，直到今天他才决定回我的电话。或许他是故意要让我听到那个"电话已接通，请稍候"的音乐铃声。这个铃声是摇滚歌星艾尔顿·约翰（Elton John）的《再见黄砖路》（*Goodbye Yellow Brick Road*）这首歌的那种令人讨厌的钟琴翻唱版。这首歌唱到了那条通向文化遗产继承的克鲁格金币马路的事情①，这段歌词似乎完美地唱出了我目前的心境。这个音乐我一直听了五分钟，一个颇不耐烦而且言简意赅的声音突然响起："里德利。"

"啊，是赫伯特吧。有关我母亲立遗嘱的事情，你是否知道她已

① A Krugerrand carriageway to inheritance，歌曲的内容。——译者注

经用剪刀把遗嘱给剪了？"

"抱歉，我根本不知道你在说什么。"我开始向他讲述事情的原委，最后他打断了我："琼斯先生，我没有时间谈论你母亲与你或者任何人之间的法律事宜。我手上有她最近拟定的一份遗嘱，这份遗嘱目前保存情况良好。"

"但是，难道她最近没有改变遗嘱吗……"

"我刚才已经说过了，我没有时间讨论这个问题。假如我得到通知，她的生命发生了任何不幸的情况，那时候，我作为遗嘱执行人自然就会与其家人及相关朋友取得联系。"

"但是，你给我们家当家庭律师已经有40年了呀。"

"不错，不过，在这个问题上，我不能给你提供任何建议。另外，你最好另找一家律师事务所。我曾经听人说，可汗与辛格律师事务所的哈里斯夫人就相当不错。再见！"

2007年10月24日，星期三：银行股"钱"程未卜

地狱钟声股票俱乐部的全体成员都在全神贯注地听取必和必拓公司的经营报告，由于公司经营成本上升以及在生产方面遇到了一些问题，公司未能达到市场预期的经营业绩。虽然这只股票是我们手里业绩最好的股票，但是，我们确实还需要其他好股票。预测经济前景悲观的人不在少数。英国电信公司的业绩虽然没有给人带来什么惊喜，不过公司的经营业绩还算四平八稳。同时，银行自动转账公司的股票价格正处于一个下跌态势中。

"我认为，现在应该是我们重新看好银行股的时候了，"沙马说道，"现在银行股的价格都很便宜，这可真是千载难逢的好机会。"

"我还需要提醒你有关诺森罗克银行的情况吗？"哈里说，"刚才你说过，这是便宜货。过去你也说过，这绝对不会赔钱。可是，我们已经在这只股票上损失了好几百英镑的真金白银了。"

"你说得对，但是请看看英国抵押贷款银行布拉德福德及宾利银行[1]或者巴克莱银行。它们根本没有同样的问题。星期一布拉德福德

---

① Bradford & Bingley，英国大银行之一。——译者注

及宾利银行的股价已经跌到了 250 便士以下！其潜在的收益率将达到近 8%。”

“要是它没有编制美化自己的数据，情况会怎样呢?”钱特尔说，“我认为我们应该等到 11 月底最新的股票交易报告正式出炉之后再说。”

沙马不愿意，马丁也不同意，他们似乎像飞蛾扑火那样喜欢冒险一搏。迈克和我在投票时站到了哈里和钱特尔这边，4∶2 的投票结果否决了购买银行股的动议。由于意见分歧，我们这次又是什么股票也没买。

2007 年 10 月 25 日，星期四：午前茶点的报复

股票市场继续表现异常，建筑业以及银行业股票遭到投资者抛售，而大宗商品行业则持续领涨市场。这让我苦不堪言。今天，我也破了个例，早上 9 点半就想吃午前茶点。打开了普莱斯哥特那只毛绒猪玩具，在它的毛绒填料里面我偷偷地藏了一小包有助消化的巧克力。我发现里面只有一个苹果，不用说你也知道是谁搁在那儿的。啊，上帝。这回我肯定要受到严厉的惩罚了。午餐时间，尤妮斯和我摊牌了。

“伯纳德，我真的很讨厌你，现在你的表现就像一个淘气的小男生。好像把东西藏起来不让我看到，我就不能找到似的。”她停顿了一下，用她那种危险的河马撩逗眼神打量了我一眼，然后开始大口大口地吃高里程食品[①]——秘鲁油桃。

“伯纳德，你知道的。现在你确实需要快点儿长大了。行为举止要有个男人样儿。请我出去共进晚餐，花前月下向我求婚，把我紧紧地抱在怀里。你都不知道，在篮子编织兴趣小组，马乔里·菲尔丁说就连在《周末寻宝巡回秀》[②] 节目期间，莱昂内尔还和她在厨房

---

① High food-miles，高里程食品，即农产品从农场到餐桌所经过的距离很远，用以量化食物的运输带来的二氧化碳排放和对原油的依赖。农产品市场竞争造成品种减少、批量加大、运输路程变远、碳排放增加，因此成为环保主义者关注的对象。——译者注

② Antiques Roadshow，电视节目之一，巡回各地寻找古董。——译者注

台面上激情澎湃了一回呢！”

我提醒尤妮斯说，我们那套 MFI 牌子的厨房台面是自己安装的，在给烤茶点上面涂黄油的时候它都会摇摇晃晃的。它哪能抵挡得了一个 16 号女人的情爱方式，无论它是古典的还是现代的。作为一种妥协，我建议带她出去共进晚餐，地点就定在城里刚刚开业的一家意大利饭店。

晚上 8 点，我们来到了黑老大餐厅，结果这家饭馆果然是一家黑手党主题餐厅。餐厅里播放着震耳欲聋的打击乐，这里的服务员都是戴着墨镜、头顶呢子帽的流氓。女服务员全都穿着超短裙。我们受不了“摩托头”乐队[①]那种响声震天的重金属打击乐，于是我要求来一点儿有黑手党缄默风格[②]的音乐。我们那位身材修长的女招待浏览了一下他们成堆的唱片，说：“我们没有安静舒缓的音乐，只有玛莉莲·曼森（Marilyn Manson）的重金属打击乐，可以吗?”

我们匆忙付了账单，晚上 9 点半回到了家里。当我把车开上院子里的车道，关闭了发动机时，尤妮斯突然摁下了我座椅上的后倾控制杆。正当我向后重重地跌倒在靠背上时，人造皮革发出了一声长长的尖叫声，排挡附近发出了轰隆隆的巨响。最后，一位已婚妇女肥胖的身体重重地压到了我的肚子上面。我拼命地扭来扭去，想要挣扎着喘口气。可是，我所能说的只是：“周末《寻宝巡回秀》只有到星期天电视台才会播出呀！”

---

① Motörhead，摩托头乐队，1970 年代末英国顶尖重金属摇滚乐队。——译者注

② Omerta，即拒绝作证，黑手党徒的一种保密准则，禁止谈论或泄露有组织犯罪活动情况的规则或规范。——译者注

第4章 比萨饼大行动

2007 年 11 月 1 日，星期四：婚姻生活的厌倦

经过一晚上美美的睡眠，我早早地起床了。不过，尤妮斯昨天晚上出去参加了万圣节的文娱晚会，凌晨两点她才回来。幸运的是，我假装什么也不知道，这样就可以避免任何河马撩逗行为。自从上周在沃尔沃轿车上发生了那次骇人听闻的事件之后，她还没有采取任何突然袭击。

很快，我的好心情就被破坏了。我打开电脑更新股票交易数据，这时才发现达美乐比萨的股价下跌了 40 便士，现在的价位是 200 便士。这只股票有过一次以牙还牙的报复性反弹，反弹幅度达到了 14%，唯一可能的利空消息就是奶酪成本的提高。这是多么荒唐可笑！这个市场居然害怕自己的影子。达美乐比萨几乎是我今年唯一一只真正有经营业绩的股票。8 月份以来，霍恩比玩具公司的股票已经下跌了 25%，英国 QinetiQ 防务公司[①]干脆坦率地宣告今年的业绩将是一场灾难。

我已经被这些事惹得烦不胜烦，倒是尤妮斯看起来心情不错。早餐时，我勉强多吃了一些威特罗思超市自有品牌的纳米比亚有机柚子。她给我讲了昨天晚上篮子编织小组的好友们如何狂欢的故事，以逗我一乐。

“你们中间有多少人被捕了？”我问。

“谁也没被捕，伯纳德。但是，我们却找到了一个魅力非凡的年轻警官，达芙妮想把他带回家。她差点儿就把他弄到出租车里了。”

“可怜虫，要是他知道到了那儿，他就要一晚上恐怖地听她唠叨市政委员会有关统一使用有轮垃圾箱的政策的话，就会宁可拿出手铐铐在路灯柱子上，也不去达芙妮家那个鬼地方。”

这时，我打开了从汽车修理厂寄来的账单，我几乎都要哽咽了。修理沃尔沃的费用加上增值税一共 386 英镑！

“看看，为了轻浮的肉欲恶作剧你要付出多大的代价！”我一边说着，一边挥舞着手里那封信。

“老婆子，不管怎么说，这该死的账单金额也够巨大的。你今年

① QinetiQ，英国大型防务装备公司，产品包括雷达、飞机部件等。——译者注

已经59岁了，我真的不在意你一天到晚都干些啥，只要我不必为修理汽车付出几百英镑就好了。”

这时候，莫名其妙的是，她突然哭了起来，随后跑出了房间。我永远都不能理解女人，就是活到一千岁恐怕也不行。

2007年11月3日，星期六：渐行渐远的高才生

最后，我们终于把万圣节那些淘气的孩子们往门廊上丢的最后一个鸡蛋清理掉了。该死的孩子们。说起这些孩子，布赖恩和珍妮特来了，带着我们那个“讨人喜欢的”9岁大的孙子，迪哥比。迪哥比的脸上带着闷闷不乐的表情。这回他生气的原因是学校把他的手机给没收了（因为他用手机拍下了一群孩子殴打另一名小学生的场景），不过这并没有影响到我的兴致。我跟儿子布赖恩讨论应该如何投资才可以为迪哥比筹备好他上大学的学费。很早以前，我们就为他设立了一个储蓄计划，这个储蓄计划在他年满18岁的时候到期。到了那个时候，他就可以毫不犹豫地用这笔钱去购买塑胶炸弹、AK47步枪以及信用卡复制设备。按照他一贯的风格，他可能会成为一个跨国犯罪分子，而不会在牛津念书，弄个哲学、政治学或经济学学位。他可不是那块料。实际上，由于Scunthorpe& Skegness建设委员会的儿童教育债券表现不佳，依靠这个债券，投资者唯一能够购买到的教育就是在当地的社区学院参加一个两天制的职业培训课程，学习烤羊肉串的操作技能以及打扫卫生的课程。5年来，我每周都要给这个债券基金投资1英镑，我认为我们又一次被人家忽悠了。

下午，我打电话给彼得，想听听他的建议。他的建议其实很简单：“给迪哥比开办一个股票收益型养老基金，主要是依靠一个收费便宜的指数跟踪型基金，伯纳德。这样一来，在他进入具有成熟判断能力的成年之前，他无法接触到这笔钱。而且，你定期的投资还可以享受到税收优惠，假如你每周投资1英镑，那么在60年过后，你就会真正做到积少成多。”哎呀，这是什么馊主意呀！

2007年11月6日，星期二：老婆换了辆克里欧汽车

宝维士公司是我投资的股票中唯一一家房地产建筑企业，它的最新交易信息表明人们的生活变得更加困难了。公司住宅销售均价要比一年前下跌了接近3%。每次股票价格下跌，我都认为这时候再卖已经来不及了，可是每次下跌之后仍然还是“跌跌”不休。4月份宝维士房产公司的股价站上了1 200便士的历史高位，现在的价格勉强才到历史高位的一半。我不能相信自己还在夏天时候以925便士的价格买进了更多的股票补仓，现在也不知道它们的价格已经跌掉了多少。早餐时我比平常更加抑郁了一些，我惊讶地发现尤妮斯居然正在阅读《每日邮报》的财经专版。

“这次级贷危机到底是怎么回事，伯纳德？这会不会影响到我们预备养老用的钱？经济会陷入衰退吗？在经济不景气的情况下物价依然上涨，这到底是怎么回事？”

我使尽浑身解数向她解释所有这些迷惑人的事情，并且向她保证天下依然太平。我并没有告诉她，我们的股票资产之所以总体市值有所增加是因为我额外追加了股票投资，买进了更多的股票。要不是追加投资，原来的股票资产总值今年就要下降8%了。看到她放心了，我也很高兴。

“伯纳德，你可是咱们家的顶梁柱呀，”她轻轻地抚摸着我的手，继续看她的报纸，“照你这么说，我猜我要是再买一辆雷诺克里欧汽车肯定是没问题的啦？”她天真无邪地松开了我的手，把报纸翻到了“女性信箱”栏目。

“你说什么！”我说话都有点儿语无伦次了，惊讶得将咖啡都喷到了我手上那份《每日电讯报》上面，“你现在这辆车才刚刚开了三年呀。”

“虽说这车还能将就，不过，伯纳德，厄姆格德刚刚买了一辆奥迪。另外，上回在威特罗思超市我那辆车还被剐蹭了一次，磕碰到的地方现在都开始掉漆了。”

“什么，你说的是哪一次磕碰呀？我记得你的车都有三回剐蹭事故了吧。”

“嗯，确实是有三回。我总不能让每一个篮子编织爱好者都瞧不起吧，他们会以为咱们太穷酸了。无论如何，我早就相中了一辆漂亮的翠鸟兰轿车。”

“难道你是在告诉我，这已经是一个既成事实了吗?”

“如果你说这话的意思是问‘我下定决心了吗?’，那么我的回答是确实决心已下，成命不可收回。”

“那么，请问你准备拿咱们的钱干什么用呢?”

“伯纳德，我不需要你的钱。我已经给自己办好了一笔贷款。”

“那你如何应付定期偿还贷款的事情？难道，突然之间你开始有了什么额外的收入吗?”

“这其实非常简单，根本用不着什么手段。我把存款放进信用卡里面，然后用旧卡弄到一个 2 000 英镑的折扣价。贷款在 5 年时间内分期还清，我还可以用自己的养老金还上一部分贷款。”

在接下来的 40 分钟里，我们两个一直在吵吵嚷嚷。我开始跟她讲解汽车购置中的年度成本率的问题。(“伯纳德，那是怎么回事?”)我还讲到了汽车价值的按年折旧问题。（“等一下，你说的是什么呀?”）随着谈话的展开，她开始瞧不起我，开始蔑称我是个“老抠儿”。(“伯纳德，你一辈子都是个抠门儿的吝啬鬼。”）她还抱怨我缺乏爱心。(“要是你平日里多体贴我一点儿，我也不至于花那么多钱来买乐子!”）吵归吵，到头来买单的不还是我吗？我们买下了那辆顶级的 1.5 升柴油机限量版轿车，这辆汽车有仓门式的后开门，加装了卫星导航系统，而且还安装了该死的一体化音响系统。

2007 年 11 月 7 日，星期三：别人打赌老婆要出车祸

我把这个悲哀的故事带到了股票俱乐部。但是，哈里和马丁听我吐完苦水后却只管笑。甚至当我提到汽车销售商先打出高价的幌子，然后再打折促销这种价格伎俩的时候，他们依然只管笑。沙马说我还算是幸运的了，上回他老婆从外边买了一辆四轮驱动的宝马汽车，她甚至连车子都没有试一下就买回来了。他告诉我，迄今为止，她那辆车因质量原因多次被厂家召回，这次召回已经是第 6 次了。她那辆宝马的现货价格已经下跌了 12 000 英镑。

“听了你们讲的这种事情，我想我要是当初购买一些交通事故交易所的股票就好了。”钱特尔说。

“现在肯定有人靠尤妮斯这样的人赚翻了，”哈里说，“告诉你吧，让我们玩个赢家通吃的赌博游戏吧，看看尤妮斯还要多久就会把她那辆新车给撞瘪了。我敢下注打赌，这个时间绝对到不了圣诞节。”

这种朋友简直太令我痛苦了。我把这件事情告诉了他，他却要跟我打赌。而且，别人都愿意跟我打这个赌。拉塞尔就像秃鹫嗅到了腥臭的腐肉一样敏锐，他感觉到了我内心的煎熬。他手里拿着一杯沃辛顿啤酒，仰脸看着我。当他侧身向我走过来的时候，他的尼龙裤发出的声音就像是在煎锅里煎培根咸肉时发出的那种“吱吱”声。

“我老婆可是从来没有赚过我的钱。”他说。

“我想这号专吃老公的女人也不会太多。”马丁也随声附和说。

“1983 年，我给她买了一辆二手的机动脚踏两用车，我教会她怎么自己维修这辆车。”拉塞尔一脸正经、自鸣得意地说。

“我猜，现在这辆车肯定还是像以前一样完好无损吧？”我说。

“啊，哪儿能呢。1985 年，当我那个讨厌的老太婆从一辆混凝土搅拌车旁边超车的时候出了事故，车子就算是完全报废了。嗯，当然，也不能说是完全报废了，我把它的变速箱和轮胎拆了下来，卖给了我弟弟，总共卖了 40 英镑。”

“但是，你那可怜的老婆谁来管呢？”沙马问。

“反正我是不会管她了，她连双腿都给撞飞了，鬼才会要她。不过，我倒是因祸得福，拿到了她因为身体伤残领取的生活补助金，外加亲属护理病人的补贴以及加班护理的补助金。我们现在坐着不动都有钱赚，真算得上是一本万利了。”

“要搁我，当初肯定不会嫁给你这个混蛋。”钱特尔说。

“你说这话是什么意思？我可是难得一遇的善辈良民呀！”拉塞尔气呼呼地说，“我甚至还拨出专款给她买了一个改装过的残疾人专用车来满足她的出行需要。”

“你过去告诉我的可不是这回事啊，”哈里说，“你过去告诉我说，你给你那辆老式的福特全顺汽车加装了一个胶合板舷梯，然后把她搁在后面，让她坐在轮椅上，每隔一周就要带着她到阿斯达超市去一趟。”

但愿尤妮斯能够听到这些话。她真是“身在福中不知福”啊。

2007 年 11 月 15 日，星期四：牙齿遭灾

我多么希望尤妮斯整天只是待在家里跳跳操，那该多好哇！现在，尤妮斯又开始光顾健康食品商店了。去年的健康食品是小扁豆和水果干，今年有机面包又登场了。这种健康面包就跟金砖那样硬实，随着小麦价格的飙涨，它的价格也同样涨得很快。这种面包上面撒的作料看上去就像是猫粮狗食。此外，她每天还要在我的饭盒里塞上一片墨鱼肉！她说多吃长纤维食品有利于我的身体健康。不过，你猜猜这东西怎么了？今天早起，我咬了一口夹着果酱的吐司面包，然后就嚼到了像石头一样硬的东西。我那颗本来就已经不太牢靠的臼齿被狠狠地硌了一下，痛得不得了。我抱怨这种健康面包已经有好几个月了，这一回一大块补牙的填料也给硌掉了。请大家不要见怪，我的嘴里有好多金属的合金，按理说我都应该能直接收听到第四广播电台的节目了。要是我当初选用黄金材料补牙，那敢情好了。补牙那一年我才 50 岁，那时候，每盎司黄金的价格也不过 30 美元。搁到现在，我的大金牙早就给我赚了 20 倍的利润。

牙医一天到晚都忙得很，自然，我也不可能在自己的牙医那儿弄到急诊预约挂号。所以，今天我没有忙活阅读公司业绩公告的事情，整个上午都坐在候诊大厅里待着，等着医院里日理万机的医疗要人挤出点儿时间把我的牙给补一补。光是把沃尔沃轿车停在医院的停车场就花了我 5 英镑的停车费。这真算得上是隐性的苛捐杂税。

2007 年 11 月 19 日，星期一：凑零钱的陷阱

当我还在英国国防部工作的时候，那儿的工作人员似乎每周都要向一个储钱罐里捐 50 便士，以便购买配着点心喝的茶叶和咖啡。我们都叫它“小发财猫”。它里面的钱一般都积攒不到 10 英镑，尤其是那段时间，我们经常碰到采购部的桑迪・道格拉斯，他不光喝我们的啤酒，还吃为大家储备的酸栗果酱的夹心饼干。不过，沃达

丰集团的阿伦·萨林（Arun Sarin）对于什么是“零钱”却有着完全不同的理解。在他的字典里面，公司在中国移动通信公司持有的130亿美元股票被他称为一个“小发财猫”，公司可以用它在兼并重组之后的中国电信市场买到一席之地。这大概也就像我们过去集资购买巧克力消化饼干一样。我不知道，到底需要多大的金额才能让萨林先生使用“大把大把的钱”这样的词语。

2007年11月20日，星期二：电脑磁盘不见了

当我在进行每月一次的电脑硬盘备份的时候，突然发现，我没有把磁盘放到往常放的地方，现在我想不起来了。在一摞一摞的《金融时报》以及《投资者纪实》杂志里面，我翻腾了一遍，还是没有找到。不过，我倒是找到了一副老花镜，还有一块发霉变质的迦法蛋糕。但是很不幸，磁盘还是没有找到。不过，我依然相当确定肯定没有把它邮寄给审计署，在英国皇家税务与海关总署就有个笨蛋公务员做过那样的蠢事。虽然我的东西不见了，但至少我肯定它还在房间里面。而且，那张磁盘上面既没有银行账号的详细信息，也没有任何东西可能在未来给我造成直接的经济损失。我需要面对的一个最尴尬的情况是，全世界的人都会看到我的股票投资组合，它已经日渐萎缩，沦落到了冷冷清清的地步，就像月球表面那样凄凉。

2007年11月21日，星期三：乌克兰的海市蜃楼

自从拉塞尔·乔加入以后，钟声酒吧的股票俱乐部似乎越来越萎靡不振。当他不炫耀花他老婆的残疾补助金的时候，他就会吹嘘自己在股票投资方面赚了多少钱。今天他又吹上了。到目前为止，我们已经听了不少。他说自己在育种企业Genus公司的股票上赚了12 562.75英镑。这些股票是他在2001年口蹄疫爆发时以极低的价格买进的。另外，他在ASOS[①]股票上面也赚了16 321.16英镑，这

① ASOS（as seen on screen）英国在线时装零售网站。——译者注

是一家网络服装零售商，这家公司可以把土包子包装成明星。还有，当工业设备租赁公司阿诗泰德[①]濒临破产的时候，他花了 65 英镑买进这家公司股票，现在他已经赚了 914.29 英镑。

当拉塞尔哧啦哧啦地来到酒吧时，他穿着一套看似笔挺的西装。哈里扭过身来，面向着大家，非常生气地说："要是他真的这么有钱，为什么还在开那辆都开了 12 年的破福特全顺汽车?"

"为什么他还穿那双需要系鞋带的老式皮鞋?"马丁也在质疑。

"为什么他不花钱买一个浴缸?"钱特尔也表示怀疑。她闻到了拉塞尔身上那种土得掉渣儿的'泥土芬芳'，这也不是头一回了。

"我们要请他给咱们讲一个股票投资方面的小窍门。这样一来咱们就能够考验他了。"沙马提议说。

这话一点儿也没有让拉塞尔感觉狼狈不堪，他现在手上就有一个现成的投资机会。

他说："问得好不如问得巧。现在，就有这么一家公司，粮食价格上涨让它受益匪浅。这家公司在东欧国家拥有大量的廉价土地资源，而且还涉足了生物燃料产业。明天，这家公司就要在英国创业板市场（AIM）公开挂牌上市，如果你们想要买进它的股票，现在正是大举买进的好时机。这家公司的名称是 Landkom[②] 国际农业公司，将来它肯定能够成为一家龙头企业。"

大伙儿都竖起耳朵，等着听他提供更多的投资信息。他卖了个关子，然后才告诉我们这家公司的总部基地在乌克兰。哈里和马丁这两个人听了，突然笑得前仰后合。不过，拉塞尔不紧不慢，一直等他们笑够了，他才继续说话。

"笑个头，到时候你们就该哭了，"拉塞尔说，"这家公司租用了 30 万公顷土地，相当于林肯郡一半的面积，可是拿地成本却只有一点点儿。另外，他们准备利用澳大利亚成熟的农业高科技，大幅提高作物产量。投资这家公司的黄金时间已经来了，今儿我把话撂在这儿，你们都好好记着。"

---

① Ashtead，全球工业设备租赁业巨头之一。——译者注

② Landkom 公司，乌克兰一家农业种植公司，在数个国家购买农田，种植粮食。——译者注

第5章 纳斯达克那条小狗

2007年11月23日，星期五：QinetiQ防务公司的贪腐丑闻

这绝对是太叫人眼红了！看起来，英国国防部的高级官员们在低价出清他们持有的QinetiQ防务公司的股票这一过程中，他们的股票还能给他们带来高达20 000%的盈利。这多么具有讽刺意义啊！我以前也在国防部工作，他们是我的老上级。大家一致公认他们是昏庸无能的官场混混儿，他们组织的工作没有哪一次能够按时完成，也没有哪一项工作不超出预算。谁承想，当他们即将退休的时候，在替自己打造安乐窝这件事情上，居然变成了聪明能干的投资天才。我看到，自己购买的QinetiQ防务公司的股票价格下跌了20%之多。当然，我也有责任，由于自己的杀跌行为，这次股价下跌变得更加凌厉了。显然，这些人已经把他们的股票卖给了我以及其他成千上万天真无邪的投资者，让我们当了一回自负的傻小子。还吃什么早餐，我干脆出去散散步好了。

"伯纳德，别老是叮叮哐哐地摔门，跟疯子似的，"尤妮斯说，"你到底是怎么回事？现在你吃五谷吐司面包再也不能像以前吃饭那样胡吃海塞了，你得细嚼慢咽才行，对吧？你要知道，这里头的配料很金贵，所以你要慢慢品出个滋味来才好。"

我的吃相确实不雅，根本上不了台面儿。其实，我确实很想跑到这家"健康谷物与健康心血管消费合作社"，然后找到公司的头儿，不管她叫"三叶虫"夫人还是其他什么名字，我要给她说说我心里憋了很久的气话。

午前茶点：在外出散步的时候，我非常想吃一条巧克力棒。那里头充满了蜜糖，充满了巧克力，但是，这不过是我在白日做梦。还是面对现实吧，它总不至于比所谓的健康面包给我的牙齿造成的伤害更可怕吧。

2007年11月24日，星期六：纳斯达克那条小狗

牙痛。我终于把那块巧克力棒从嘴里拔了出来，可是，一块拔

出来的还有那块儿尚未黏合牢固的补牙材料。我不敢告诉尤妮斯我吃了什么东西。每逢杰迈玛和托比来到家里吃午饭，老太婆就会放松警惕。他们两个还把他们那只容易冲动的黑色拉布拉多犬也带来了。

“你们总得给他起一个什么名字吧，名字取好了吗？”我问。

“纳斯达克，”杰迈玛说，“这名字是托比给它起的。因为他一天到晚都在这个地方上班。”

说起来，起这个名字倒也有些道理。狗如其名，纳斯达克这条小狗就像美国股票市场指数一样。它像一个悠悠球一样一刻不停地上蹿下跳，尾巴一个劲儿地左摇右晃，伸出长长的舌头，这舌头比尤妮斯的信用卡账单还要长。同时，杰迈玛和托比正处在多情善感、耳鬓厮磨的热恋状态。他们像两个 14 岁大的孩子一样嬉皮笑脸，磨牙斗嘴，低声耳语。托比穿着西装，打着领带（领带上还别着心形图案的领带夹子）。但是，谢天谢地，他已经不再使用眼线膏，也不再戴镶着人造钻石的耳环了，因为他重新发现了异性恋的好处。

在他们走后，尤妮斯又打开了一瓶夏敦埃酒（一种类似夏布利酒的无甜味白葡萄酒）。她告诉我说，看到他们重归于好，她非常高兴。

“嗯，我们还是骑驴看唱本——走着瞧吧，”我回答，“他既搞同性恋又搞异性恋，他可比国家电网既搞交流电又搞直流电还厉害呢。我真的不在乎，只要他懂得把钱财打理好，其他的随他胡来。现在，多蒂的钱已经有 15 万英镑消失在这两个人的恋爱黑洞里了，这笔钱恐怕是再难见天日了。”

“难道你整天就知道想这些无聊的事儿？整天就知道钱、钱、钱的！”尤妮斯喝完了一杯，又倒了一杯。

“你应该晓得，钱这东西，可以靠得住，可是，托比这个人，你可是靠不住的。难道你没听见她是怎么称呼他的吗？看在上帝的面子上，她叫他‘卷毛儿’。他在担保债务凭证经纪公司担任副总裁，在信贷市场最为危急的关头，这家银行数以十亿计的英镑势必难逃厄运了。难怪人家叫他‘卷毛儿’，他甚至连每月按时偿还自己的抵押贷款这件事情都记不住。”

“嗯，过去你不也常常叫我‘甜蜜蜜小馅饼’吗？”

“胡说八道。”我说着转过身去，开始阅读《每日电讯报》的金融市场版面。尤妮斯又把半杯酒灌下了肚。

“你也是那么称呼我的呀！‘小甜甜’或者‘挠痒痒’你不也用过吗？”她咯咯地笑着说。

“叫你‘怕痒的海怪’可能更合适一些。”我说着，望着那瓶酒连连点头。

以前，我以为光是吃有机面包卷这件事情就已经够痛苦的了。但是，天啊，被一个愤怒的老婆踢了，那滋味更不好受。

2007年11月26日，星期一：面包卷与补牙技术

为了修补我那坏掉了的牙齿，我终于等到了和牙医预约的时间。一个壮如母牛的护士用专横的语气跟我说：“不听医生三番五次的劝告，还没有到两年半时间呢你就把补好的牙齿给弄坏了。”愚蠢的女人，我弄坏了牙齿可不是因为粗心大意，而是因为我吃健康食品的缘故。要是老婆允许我像以前那样吃质量优良、历史悠久的兰克·侯维斯·麦道格尔面粉厂[①]的雪花粉，我的牙齿哪会变成今天这个样子。

似乎那个名叫洛马克斯的老大夫已经退休了。工作人员告诉我，今天为我治疗的是一个我连名字都叫不上来的医生。显然，这个大夫是个外国人。候诊室已经被重新装修过了。屋里摆着漂亮的沙发，准备了当天的报纸，还有一台电视机吊在房间的一角唠叨个不停。这方面的投资一定得有一两千英镑。

无论如何，终于叫到我的号了，真是够呛。穆罗什卡医生一头乌黑的秀发，漂亮迷人，一双可爱的眼睛似乎会说话，连她那磕磕绊绊的英语都别有一番风味。我不得不承认，她给我留下了很好的印象。现在，牙医们拔牙已经不再使用老虎钳了，麻醉气体也早就不用了，取而代之的是有关口腔卫生的录像片，详细解释毛病在哪里，如何修复。过去，老大夫洛马克斯常常谈论一些板球比赛或者

① Rank Hovis McDougall，历史悠久的英国面粉、食品生产厂家。——译者注

社会主义之类的事情。当他滔滔不绝地谈论社会主义的时候，往往是他在我张开嘴巴，不能说话的时候。

然后，我拿到了门诊收费专用收据。自从老大夫洛马克斯退休之后，就没有什么国民健康服务的公费医疗项目了。现在的医疗制度是向着自费方向发展。4 次门诊治疗，收费 630 英镑，穆罗什卡医生说。要不是我的下巴已经被她撬开，我想我的下巴一定会掉下来的。我嘴里呼呼噜噜地表达着不满。这时候，我想起在上市公司里面也有几只牙科医疗方面的股票。要是牙医这个行当这么赚钱，我真的应该看看是不是应该买进一些它们的股票了。

2007 年 12 月 18 日，星期二：宰你没商量

今天，最后一次牙医预约治疗终于完成了，嘴巴麻麻的，钱袋空空的。拔牙两颗，补牙三颗。这几乎花光了我今年全年的股票分红，要是我再吃点儿什么五谷吐司面包，这些红利就被彻底花光了。本来我只需要拔掉一颗牙齿就行了，可是那个漂亮迷人的穆罗什卡大夫又发现了一颗坏掉的牙齿，她不停地怂恿我把这颗牙齿也给拔掉算了。牙医撬开了我的嘴巴，这个娇小玲珑的牙医泰然自若地拿起了尖锐的拔牙工具，她已经做好了拔的准备。她问我再拔一颗好不好，我只得呼呼噜噜地表示同意。那么，除了那已经从我的账户上收取的 630 英镑之外，另外还要加收 175 英镑。不幸的是，我虽然想表示反对，但我的嘴结结巴巴的，就像是儿童电视剧里的比尔和本那两个花盆搬运工一样。当然了，我在表示反对意见的时候，流下的口水可比他们流的口水要多得多。

“你的口腔可是一个大麻烦，”穆罗什卡医生一边说着，一边擦着她的脸，“你必须小心保护你的牙齿，不然你的牙齿会全部掉光的。”

“你可以把那些拔掉的牙送给我吗？”我问。

“你留着它们有什么用？”

“我准备把它们放在我的枕头下面，为了纪念那个该死的牙齿仙女。小时候，我把掉落的牙齿放在枕头下面，准保能够得到一枚亮晶晶的 6 便士硬币。现在，我只希望她能够行行好，给我弄来 805

英镑，因为我确实需要这笔钱。”

2007年12月19日，星期三：香烟是个好东西

钟声酒吧。股票俱乐部圣诞节前最后一次会议，气氛相当低沉。由于牙齿还没有长牢，我谨慎地拒绝了马丁让我吃点儿猪肉火腿肠的邀请。尽管如此，我一看到钱特尔那美味的鸡肉和火腿派，还是禁不住美食的诱惑。结果，我犯了一个严重的错误，因为这个派的面饼相当有嚼劲儿，这面饼或许是哈兰德与沃尔夫造船厂制造出来的。

“今年有谁赚钱了？”哈里问。

“我赔了2%，”沙马说，“买进布拉德福德及宾利银行这只股票是我最大的失误。当然，情况也许还会变得更加糟糕。”

“假如咱们没能从诺森罗克银行全身而退，那么你的情况肯定只会比现在更加糟糕了。”哈里说。

我承认，我赔了11%，这是因为达美乐比萨的股价莫名其妙地持续震荡整理，因此比原先多赔了一点儿。

马丁坚定地持有iSoft公司[①]的股票，这只股票的价格从390便士一路狂跌到了58便士，他承认自己的股票投资大约损失了1/3。不过，他着重指出，算上他那些“标新立异的投资”，其中包括他在保加利亚一家葡萄酒装瓶厂家所做的风险投资，还有他在海难中抢到了一辆宝马摩托车，这也让他赚了点儿外快。赔赚相抵，他的损失只有28%。

“我赚了10%，”钱特尔脸上露出了笑容，“我买进了瑞士斯特拉塔矿业公司的股票。”

“你怎么样，迈克？”马丁问。

迈克嘴上叼着一支没有点燃的雪茄烟。他笑着把一个手指向上一挑：“45%。”他低声地说。

“怎么回事！你这家伙怎么老是守口如瓶呀！”马丁说。

“我持有加莱赫烟草公司的股票，这家公司4月份被日本烟草公

① iSOFT Group PLC，英国一家医疗软件公司。——译者注

司给收购了，此外我还有英美烟草公司和国家电网公司的股票。这一年来，我没有做过任何股票交易。”

“这样看来，香烟对你来说还真是个好东西。”马丁不禁叹息道。

2007年12月24日，星期一：圣诞节购物狂

我所读到的新闻似乎全是负面的，什么房价崩溃，银行的借贷危机，还有个人的债务灾难。可是，似乎还没有哪个人把这个消息透露给英国的广大消费者。蓝水购物中心似乎要比东城购物街的人气还要更旺一些。天啊，甚至那些在 W. H. 史密斯商场里购物的人们都排起了长龙。假如凯特·斯旺（Kate Swann）这位商界女强人可以战胜经济衰退带来的经营挑战，那么或许换了别人也能领导伍尔沃斯商场①做到这一点。

今年，尤妮斯拒绝给我拟定一份圣诞节的购物清单，她要求我用用自己的“创意”。不过，这个创意还是被铁丝网小心翼翼地圈在里面：她不想要书，说那全是些一点儿也不浪漫的玩意儿；我也不敢给她买贴身内衣，因为5年前我给她买过时髦的摩洛哥软底皮鞋，当时她就有了过敏反应，她的双脚肿得就像是穿了防寒棉靴；她也不会赞成我给她买开襟羊毛衫和丝巾，因为在家里空置的客房里存货已经积压过多，好多羊毛衫和丝巾甚至还没有来得及穿戴；要是我胆敢到安萨莫斯专卖店附近转转，那我肯定是死定了，我都不敢想象那儿还有她没有买到手的篮子编织类产品。剩下可买的东西就只有珠宝或者香水了。我做了一个深呼吸，打着晃儿走进了弗雷泽百货大楼。在香水销售柜台上，有个身高一米八的麻秆儿似的人站在那儿，脸上扑着厚厚的粉，我猜这大概是一名女性员工。

“我想给我老婆买点儿香水什么的。”我说话的时候尽量保持满不在乎的样子。

“粉末喷瓶香水怎么样？”

“在有了今天的购物经验之后，我当然对此感兴趣，”我回答说，

① Woolworth's，伍尔沃斯超级市场（澳洲官方中文媒体译为“澳大利亚胡禾夫公司”）。英国百年零售老店，于2009年1月宣告破产。——译者注

“弗雷泽百货大楼是不是有钚元素[①]？”

“没有，你说的是喷洒瓶装的香水还是喷雾瓶装的香水？香精级的女士香水还是淡一些的男士香水？”

“还没想好。但是，不要那种味道太浓的。”

“这个怎么样？”那个身材修长的售货员一边说着，一边把某些有害物质喷到了一张样品卡上面。这害得我咳嗽得厉害，售货员给我弄了一张椅子让我坐下，我的肺泡终于恢复了正常，我的眼睛也停止了流泪。

“好家伙，那是什么东西？”我呼吸困难地喘息未定，眼泪从脸上流了下来。“伊夫圣罗兰牌子的？”

“不，这是‘小甜甜布兰妮好奇’女士香水。这个卖得最好了。或许你只是有点儿过敏。”

过敏？对于圣诞节购物，我的确有点儿过敏。

① Plutonium，作者不知香水品牌，应该是口误。——译者注

第6章
奶油王中王

2007年12月25日，星期二：圣诞节早晨

我做了一个好梦，我的股票业绩超过了英国金融时报100种股票指数70%之多，因为我投资了几只殡葬服务行业的股票。不过，正当我躺在钱堆里数钱的时候，我不断感觉到我的棺材盖子变得越来越大，越来越重，越扣越紧，我想推也推不动。我一下醒来了，发现原来是尤妮斯在搞怪，她浑身静脉曲张，像是一块补足了秋膘的板油。她已经准备好了，要来一个令人愉悦的河马撩逗花招。现在，我终于懂得了安联及莱斯特银行[①]的感受：流动性稍微有点儿紧张，只好任由人家嘎扎嘎扎地胡乱摆布吧。

一个小时之后，我打着晃儿站起身，完全败下阵来。冰箱里、车库里以及棚屋的冰柜里面全都塞满了食物，因为我们上周到威特罗思超市购物就有4次。我一走进厨房，就看到我的好老婆正把前臂伸进一个捆扎好的火鸡里面。

"伯纳德，我看我们的护肤霜已经不够用了。你能不能快点儿到斯巴连锁超市再买一些回来?"

"不过，我敢肯定我们还有护肤霜呢。"我小心翼翼地打开冰箱，刨开满满当当的农产品，才露出了两品脱的强化护肤霜，半品脱的半脂喷嘴式的洁面乳，一盆超厚的科尼什鸡肉，一罐新鲜奶油，两盒子经过长期保质处理的普通奶油和一盒子有机纯酸奶。"看看，还有这么多呢……"

"伯纳德，瞧，你没有看到我都忙不过来了吗?"

正在此时，迪哥比突然跑进了厨房，他手里拿着他久经沙场的战神牌玩具枪向我们射击，扳机每扣动一次，玩具枪就发出叫声："你死定了，小子。"奇怪的是，他没有射中火鸡，这东西至少会让它的电子叫嚷变得准确生动。

"我们还有得用呢，"我接着说，"请你给可怜的超市一条生路吧，在这个特殊的日子里，让超市有时间恢复一下元气吧。我的意思是说，你现在对它们所做的事情已不仅仅是购物，你这完全是在围猎这些公司。"

① Alliance & Leicester，英国大型银行，2008年被西班牙国家银行收购。——译者注

在斯巴连锁超市，一个满脸麻子的年轻人，头上戴着一对光辉灿烂的鹿角，他正在按照格拉斯哥工会会议召集人规定的合法怠工的操作速度为一大群排成长队、闷闷不乐的顾客服务。排队的间歇让我有时间思考了一下英国经济的季节性特征。我惊奇地发现，英国消费者具有超常的弹性。在一个妇女的购物车上塞满了"好奇"牌纸尿裤、厨房的抹布和扑热息痛片。另外一个人的购物车上则有一大瓶烹饪用的雪利酒，还有一把清洗厕所用的刷子。我前面的那个男人购买的则是单身汉过圣诞节用的特价商品：一罐法兰克福香肠，一罐意大利通心粉，四罐约翰·史密斯苦啤酒，还有《读者的老婆：圣诞节男人特刊》。这些东西会让人多么扫兴。

午前茶点：在排队期间，我吃了一条普通的赠送的巧克力。假如我早知道排队要这么长时间，我肯定会买一个家庭装的巧克力，然后一边排队一边慢慢享用。

2007 年圣诞节下午：稀松平常的圣诞礼物

一瓶有机去皱紧肤霜，三条布德雷·沙尔特顿牌的家用抹布，一个新的马桶坐垫，还有一套杰弗里·阿切尔[①]的小说精选集。看到我买的这些圣诞礼物，尤尼斯一点也没有那种喜出望外的兴奋劲儿。

"伯纳德，你明明知道我并不喜欢杰弗里·阿切尔的小说。我也从来没有用过布德雷·沙尔特顿，难道我还要别人提醒我，要注意在脸上保持那个古怪的微笑曲线吗？"

令人痛苦的是，这张脸更像是黄土高原上的沟沟壑壑。她送给我的圣诞礼物同样令我失望：铁路设计的一套路标，一双新拖鞋，还有一个可以测量你身上那该死的胆固醇指标的电子仪器。啊，还好，还有一盒麦提莎[②]巧克力。

---

① Jeffrey Archer，英国小说家。——译者注
② Malteser，澳大利亚巧克力品牌。——译者注

"一次只能吃一块，必须饭后才能吃，伯纳德。"她说。

布赖恩和珍妮特给我买了一本书，是约翰·特雷恩（John Train）替沃伦·巴菲特（Warren Buffett）撰写的传记《巴菲特教你选股》（*The Midas Touch*），这本书看上去很好。

迪哥比已变得更有想象力，也更有主见了。他故意破坏我搭建的那条双圈型人行天桥，想把我的铁路干线模型压缩一下。

"快来看，爷爷。我在人行天桥的旁边把你给画上去了，还加上了一个铁路支线的道岔，还写了几句淘气的话。另外，我还在列车阶梯上面粘上了一些小小的碎玻璃片，就在引擎盖板的后面，你看到了吗？刚才有个乘客手里拿着电话，那个引擎盖板就兜头猛扇了那个乘客一巴掌。"

"确实不错，真是栩栩如生，很有城市特色。这边的粉红色与橘红色的斑点都是些什么呀？"

"那是那个乘客呕吐的东西。"

好吧，我不能抱怨小孙子。我想，这是因为我的铁路模型根本没有捕捉住英国人今天花样翻新的出行经验的得数。

12月26日，星期三：圣诞节次日

今天早晨，我抓住了这个反基督教主义者，他想要骗他太奶奶的钱。"太奶奶，我今年真的想买一辆自行车，妈妈和爸爸只是给我买了一些 X-Box 游戏。"

"但是，你还不会骑车，从自行车上摔下来会伤着你的，乖孩子。"她这样回答着，她根本没有察觉迪哥比正在耍伎俩。

"可是，这些自行车在车子两边加装了稳定器。"这时候，迪哥比把一本四方形自行车的宣传手册丢到了她的膝盖上面，"你看，这种自行车其实也是很安全的。"

当然，多蒂根本分不清四方形自行车和小孩子骑的三轮车有什么不同。看样子，她很乐意花钱买这种自行车了。没办法，我只得上前劝阻，把那个淘气包的如意算盘给打破了。他今年才 9 岁，却已经开始向往着到某个贫穷国家当个独裁者。我对他没有太多期望，我只是希望他在有钱了之后还能想着自己的爷爷。

2007 年 12 月 27 日，星期四：彼得夸口

彼得打电话来了。像往常一样，2007 年他再次打败了市场。5 月份他已经把投资收益全部套现，实现了落袋为安，在剩下的 7 个月时间里，他都处于持币待购的状态。他告诉我，这一年来他也受到了黄金和大宗农产品价格飙涨的诱惑，不过，他对于金属和原油题材没有一点儿兴趣。

“对于我来说，也有一个关键问题一直在困扰着我，”他告诉我，“我投资主要就是为了获得收益，投资收益的再投资对于长线的投资回报有着重要的贡献。可是，那些传统的投资收益项目，比如说银行利息收入和地产的租金收入，它们的投资业绩要么不尽如人意，要么长期低迷，所以，目前我还不准备介入传统的投资工具。相比之下，纯粹的大宗商品或者大宗商品基金虽然有很大的价格波动空间，但是投资收益却是微乎其微的。我可不愿意完全依靠一味地跟市场唱反调来获取收益。这样做，要想犯错误真是太容易了。”

彼得能够做到像奥林匹亚山的众神那样超凡脱俗，这可真是难得。而我呢，似乎一年到头都希望利用各种市场调整的机会争先夺利。都是市场惹的祸，不然我怎么会陷入这种困境？宝维士房产公司，达美乐比萨和 QinetiQ 防务公司浮现在我的脑海里。我似乎从来都没有花时间来制定一个自上而下的投资规划。或许，这正是我的问题所在。另外我还有一个问题，那就是手头缺钱。现在我的账户里面只有 138 英镑，而尤妮斯的圣诞节信用卡刷卡消费账单就像大山一样，这都是躲不过去的，恐怕再有一两天就该付款了。或许，我应该再做一做俺娘的思想工作了。既然像迪哥比那样的小屁孩儿都能想出办法从她那儿弄到钱，而且差点儿就能得逞，买到一辆该死的四方形自行车，那么我应该也能行。

2007 年 12 月 29 日，星期六：刷卡消费引爆危机

尤妮斯的信用卡账单如期而至，这些账单是放在包裹里邮寄过来的，确实有点儿来者不善的苗头。说来你可能都不相信，每次她外出购物，我就坐下来，给自己倒上一大杯塔力斯卡威士忌喝个一

醉方休。我打开这个意味着悲惨生活的沉重“磨盘”，一页又一页地翻看。韦维尔园艺商店 23.17 英镑，阿哥斯连锁商场 123.16 英镑，德本汉姆百货 106.67 英镑，一张威特罗思超市账单，再一张威特罗思超市账单，又一张威特罗思超市账单。账单的总金额达到了惊人的 917.43 英镑，这还不包括 12 月份的消费账单。真的，是应该采取点果断措施的时候了。尤妮斯刚刚从外面回来，她一眼就发现我的眼神有点儿故意找茬儿的意思，此时我正在往沃尔沃轿车的行李架上装东西。

“伯纳德，你这是干什么？布赖恩的旧独木舟原来不是存放在你上面的书斋那儿吗？”

“是的。”

“你是不是要把它送到乞丐收容所去，我还有许多别的东西，你干脆顺路一块儿送去好了。请给我几分钟时间。”

“我并不打算去乞丐收容所。我这是要去海港城市哈特尔普尔，我准备到海边划划独木舟。”

“你这到底是在说些什么呀？”

“我现在说的就是这件事呀，”我一边说，一边挥舞着信用卡账单，“我赚的钱还不够你的生活开销，为了维持收支平衡，我已经竭尽全力了。用不了多久，我们就要逆水行舟了，这条河里全是债务，要命的是我们没有船桨。所以，我干脆来个假死亡，乘坐独木舟漂流到巴拿马或者忽必烈的夏都行宫或者英国的什么凯特灵市，我要重新开始新的生活。这样一来，你可以要求保险公司赔付我的人寿保险，这笔钱能让你踏踏实实地过上日日食用有机食品的健康生活。另外，你还可以购买弹力裤，再买点儿防止拇趾囊肿的药物。这笔保险赔付足够你用上一两个月的，同时你还会收到一个受保险人身亡确认表格，上面写着‘死亡原因：钱包破裂’。”

“伯纳德，你快甭装糊涂了。我们有钱有势，生活幸福，难道这还有假吗？”

“假如你看看我们家里的物件，似乎是这样的，但是，当你把表象看清楚之后，我们这些东西显然就是次级贷款。我的意思是说，那些银行全都惜贷如金，别的银行想借他们的钱连门儿都没有，你借他们的钱，他们却是有求必应。他们一会儿借给你 18.16 英镑让你购买时尚浪漫的烛台，一会儿借给你 58.19 英镑让你在肉感娇娃美容院享受香薰按摩的养生疗法，这到底是为什么呢？这到底是为什么呢？不论按照什么标准，这都是一种不计后果的盲目借贷行为。”

2008 年元旦前夕：发掘私密宝藏

谢天谢地，2007 年终于过去了。股票市场的投资业绩也真够凄惨的；我劝说老妈投资房地产，可是这项计划没有取得实际性进展；另外，我的零花钱也差不多全被尤妮斯剥夺了。假如我是一家上市公司，那么我一定会因为配偶的苛刻需求和可怜的经济收入这个严重失衡的比率而吃尽苦头。我原本打算星期六能让自己过上一种不同的生活，离开家里到阳光明媚的哈特尔普尔市玩玩皮划艇。因为老婆那种贤妻良母似的哭诉，这个计划被完全打乱了。她把我拖回屋里，给我吃了一块安抚人心的麦提莎巧克力，并且向我郑重其事地保证，2008 年她花钱会多一点儿理性。不能只听其言，还要观其行啊，到时候再看她的行动吧。

晚上 7 点 30 分。几分钟之后，尤妮斯的篮子编织培训班上的几个老妇人，还有圣西西哈修道院的几个修女就要到家里来了。她们准备参加一个有关更年期故意伤害罪的晚会，并以这种方式见证新的一年的到来。假如情况允许，我就躲在阁楼上面，因为我在圣诞节刚刚收到了一段双圈型的铁路岔道铁轨，我要把它安装好。尤妮斯安排的自助餐肯定没有我想吃的东西，不足以叫我放下油漆铁路信号灯的“工作”。我既不爱吃野生蘑菇，也不爱吃茴香馅的馅饼，更不爱吃那种砂锅焙的青豆。此外，在这个玩具模型的大隧道里面我还偷偷摸摸地藏了一盒耐托公司出品的无花果蛋卷，再加上半罐苏格兰风格的奶油甜酥饼和一包薯片。谢天谢地，不吃尤妮斯的那些东西，我完全可以活下来。

2008 年元旦：厌倦聚会的人

这上演的是哪一出儿呢！昨天晚上，这些老妇人们的聚会实在是嘈杂得很。尤妮斯一手拎着智利葡萄酒，一手拎着乐布隆德罗姆G&T级红酒，有好几次她醉醺醺地上来，用甜言蜜语哄骗我和大伙儿一起观看录像片。回到阁楼上，我打开了便携式黑白电视，等待新年的到来。结果我只看到了一个长着两个脑袋的泰恩赛德人，他名叫安顿·戴克（Anton Deck），他成了名人堂节目唯一的主角，这让他当了一回地地道道的麦霸。实在无聊，我喝了一小杯麦芽酒，到了凌晨12点5分我就上床睡觉了。上了床又难以入眠，耳塞已经不顶用了。我来到外面的花园里，在这儿我看到醉醺醺的主妇们正在四处欢呼雀跃，每人都拿着酒杯，高保真音箱还在拉开嗓门高声地唱着“今天的女人已经能够做到自食其力”。

哼，我倒希望这些该死的老太婆们真的能够做到自食其力，那样我就可以彻底解脱了。

第 7 章
新年决定

2008 年 1 月 9 日，星期三：美容外科手术

在地狱钟声酒吧的会议室里，我的两眼布满了血丝，我感觉视线有些模糊。沙马第一个赶到，他的心情不是很好。他给我看了他在笔记本电脑上制作的电子数据表，分析了银行股票的情况。

“你知道，”他说，“我辛辛苦苦地把我持股的四家银行年报中的资产与负债情况录入了表格。这花费了我好几个小时，我希望弄明白，这么多钱到底被银行派上了什么用场。但是，现在我才发现，在银行外围还埋了许多输送利益的地下暗管，结构性投资载体[①]，还有其他莫名其妙的东西。你知道，潜在性负债是一切威胁中最难以预测的。特别是假如你不知道与它们有关的还有哪些应急费用的时候。”

“不过，监管部门不是已经提出过一个法案，要求银行建立第二份资产负债表，详细披露这些负债情况吗？”我问道。

“伯纳德，你要明白。监管方面明显是希望把银行的资产负债情况弄个水落石出，这样他们就可以提高监管效率，而且也可以把这些负债状况纳入资本充足率加以管理。当然，银行家则希望隐藏他们的资产，因为这样他们就可以用较少的自有资本来提高利润率。至于有没有那种人们称为第二资产负债表的东西其实并不重要，无论如何银行家隐藏自有资本的动机始终不会自动消失。”

哈里·斯坦斯的眼睛离开了《每日体育》的版面：“啊呀！你们俩在谈论什么呀？”他不耐烦地咂咂嘴，指着那张报纸，“看看，这里有一个你们真正急需的投资主题。报上说了，自费医疗的费用正在迅速降低，速度之迅猛着实非同一般，以致哈雷大街的丰胸手术诊所都开始搞特价酬宾活动了，买二送一，三个手术只收两个手术的钱。”

遗憾的是，沙马倒是非常想了解一下这个在解剖学上绝无可能的事情到底是怎么回事，他一页一页地翻阅着，想找到大家谈论的那篇文章，可惜，这回他的力气算是白费了。

---

① SIV，“Structured Investment Vehicles”的首字母缩写，多由金融机构设立，在市场上筹集“短钱”进行“长线”投资。——译者注

"好吧，"哈里说，"我倒是有一个切实可行的点子。在这些公司的老板面临下课的时候，我们应该卖空他们的股票。"

"啊，"钱特尔说，"昨天斯图尔特·罗斯爵士[①]让我手上的马莎百货的股票狂跌不已，现在我气得都要叫他'跌跌不休'爵士了。"

"我制作了这份表格，"哈里说，"英国能源公司的阿德里安·蒙塔古爵士，还有英国地产公司的约翰·里特布赖特爵士，在2006年初就已经跪地求饶了，在随后不到一年的时间里，公司的股本也开始跟着他趴在地板上磕头了。"

"菲利普·格林爵士怎么样?"马丁说。

"幸亏你没买他的股票，他还不是一个熊样儿!"沙马解释说。

下午俱乐部的气氛好转了不少。大伙儿把我们能够获得的许多股票图表都归集在一起，对比分析了一下正向操作与反向操作的利害得失。或许骄傲使人落后，股票价格就要下跌了吗?

2008年1月10日，星期四：不经历痛苦如何有收益

2008年开局可真够惨的。我认为，我必须给新的一年制订一些策略，这回我要把这些策略坚持到底。第一，我必须坚决做好股票止损。从今天起，不管是哪只股票，只要它的价格下跌了15%，我就果断割肉出局，坚决止损。由于我已经亲眼目睹了房地产价格的惨烈下跌，因此，我决定首先拿宝维士房产公司这只股票开刀。2005年12月，我以每股660便士的价格买进这只倒霉的股票，第二年3月，它的股价曾一度飙升到了1 200便士。那时候，我为什么没有把它给卖了呢?我也不明白自己是怎么搞的。多年来，大家一直在吆喝"狼来了"、"房地产价格就要崩盘了"，结果不也啥事儿没有吗?所以，你也不要太介意了。毕竟，夏天房地产价格不还在上涨吗?所以，当宝维士房产公司的股价下跌时我非但没有卖出，反而在920便士的价位进行了大幅加仓，根本没有坚持下跌止损的原则。现在，满脸羞愧，我真要准备割肉卖股了，我甚至都不准备等待明天公司将要发布的业绩报告了。这些股票让我得到了多少财富?总

---

① Stuart Rose，英国零售商马莎公司首席执行官。——译者注

共才区区 490 便士。真是骇人听闻！最后的产出还赶不上我最初的投入，仅仅是比我在国际货币基金贷款上面的投资收益的一半略微多一点儿。这完全是一个进行自我批评的绝好案例！

午前茶点：人们都说“祸不单行”。愁苦的人真正爱吃的东西应该是糖果。在英国南部的任何一个站台上，如果你看到一个最肥胖的、最精疲力竭的、最垂头丧气的人，那么，用不了多久你就会看到他把一块玛氏食品公司出品的巧克力棒塞进嘴里。一个众所周知的医学事实是，一个人在吃巧克力的时候是不可能微笑的。无论如何，由于我自己是金融界切腹自杀敢死队的成员，所以我今天又重新打开了霍恩比玩具的抽屉，里面有一大包买一送一的迦法柑橘蛋糕，一块薄荷味的爱诺巧克力，还有许多甜奶脆饼，这些东西足以为我的铁路模型建造一个活动浮桥。我要坚守到最后时刻，绝不能让外国特工发现。

2008 年 1 月 11 日，星期五：记得拉手刹

在美国，衰退的阴影开始隐隐约约地出现了，次级贷款的隐忧把大型银行打垮了，股票价格下跌，债券价格上升。每个人，每个地方，都在想如何踩踩刹车，延缓这场经济衰退。只有尤妮斯是个例外。

几乎她每次开车的时候，我都要不断地提醒她，开车起步之前请一定把手刹给摘掉（以及任何能够减少油耗的事情）。可是，这一回她似乎屈尊听从了我的劝告，她干脆不再使用手刹了。昨天，她在开车排队爬山坡，随后是一个右转弯，驶离霍舍姆大道，结果她居然让汽车从坡上倒着溜下了坡道，撞上了人家一辆全新的萨博汽车。六周前她才刚刚买下这部崭新的雷诺克里欧汽车，现在这个限量版轿车的车屁股已经给压瘪了进去，这回它更是一个限量版了。那个开萨博汽车的律师正在气头上，威胁要起诉她，建议法院判她

终身禁驾。这场事故给雷诺克里欧造成的损失至少要2 000英镑。可是，尤妮斯唯一担心的只是她眼皮被蹭破了一点儿皮。

“我简直无法相信，”尤妮斯一边说话一边照着镜子，我开车送她回家，“我长得开始有点儿像乔·巴格纳演的那个吸血鬼了。”

“哪能说开始有点儿像呢？”

随后就是一记火辣的耳光。我承认她和那个吸血鬼有许多明显的不同之处。第一，尤妮斯的重量级远远比不上一个次重量级拳击手；第二，她的拳击技术要比那个吸血鬼厉害得多。

“伯纳德，你甚至连一点点人类最基本的同情心都没有。”

“快看。要不是你在会车的时候描眉，你的眼睛哪会被眉笔戳破？对吧？”

“我的一只眼睛会失明的！”

“那正好，这样一来，你的另一只眼睛正好可以吸取教训，能让你的驾驶水平比现在提高不少呢。”

2008年1月13日，星期日：洗钱

顺路去看望我那个疯疯癫癫的老娘。她的洗衣机正在嗡嗡嗡地奏乐。她说，这衣服从洗衣机里出来咋还是脏的呢？这事她倒是没搞错，可惜，这不是事实的全部真相。其实，衣服从洗衣机里出来的时候就和它们没进去的时候一模一样，根本谈不上洗没洗好，因为衣服还是干的。原来，洗衣机的进水管子被绒毛堵住了。在我解决这个问题的时候，不由得注意到冰箱上面放着一摞信件。其中有一封信是她的股票经纪人寄给她的年终投资报告。我赶快把它塞进了我那宽松的裤兜里面。至少，我还可以看看我要继承的财产现在的投资业绩到底怎么样。

2008年1月14日，星期一：法警传唤

早晨8点45分，咣咣的敲门声把我惊醒了。我穿着睡衣走下楼去，看到门口有一个胖乎乎的苏格兰妇女，一脸法不容情的严肃神情。她自报家门，说自己是沃姆德与斯凯利文公司派来的，她是一

位专门负责传唤人犯到庭的法警。

“你老婆在家吗？”她说着，手上挥舞着一张粉红色的传票。

我可以看到，马路对面，达芙妮也在紧紧地盯着这边，因为她肯定也看到了那辆警车。在恩施莱花园[1]的琼斯公司的股票显然已经处于下跌通道之中。

“是不是她的信用卡惹了什么麻烦？”我问。

“是的。还有那笔在巴克莱银行取得的贷款，那是一笔有抵押担保的贷款，有一笔未经银行允许的信用卡透支，另外，按照事先约定，还有应该按期偿还的 26 000 英镑欠款，这个协议是我们与她在两年前达成的。”

突然之间，我感觉天都要塌下来了。我知道，尤妮斯乱花我的钱，有点儿大手大脚而且心安理得，但是现在居然出了这种事情，这可要比我以前遇到的任何事情都让我震惊。我简直无法相信，尤妮斯竟然让我们负债累累，甚至到了需要法警传唤的地步。她是怎么搞的？而我怎么事先就一点儿也没有察觉呢？

“既然如此，无论如何，”女法警说道，“你老婆都要在 7 天之内向这些账户上存入足够的现金，不然的话我们就要申请法院颁发逮捕法办的授权书了，奥里奥丹先生。”

奥里奥丹？啊哈！她要找的是奥里奥丹先生！

“我想你一定是弄错地址了。奥里奥丹一家住在马路那边。”我一边说着，一边指着那扇浅黄绿的大门，从这儿刚刚能够看到那扇大门，就掩映在那辆停在草坪路肩上的大型露营用的有篷卡车后面。“我们家只有伯纳德·琼斯先生与太太。”

法警深表歉意。我大大松了一口气，走上了楼梯，正好遇到了尤妮斯。她刚刚淋浴完。

“刚才那是怎么回事儿？”她说。

“没有什么让你烦恼的事情，”我说着，吻了一下她的鼻尖，“今天晚上你能出去吃饭吗？我掏腰包。”

她看我的眼神似乎显得非常吃惊。

---

① Endsleigh Gardens，伦敦居住区名称，琼斯一家的居住地。——译者注

2008年1月16日，星期三：伤心酒吧

股票俱乐部的例会，出席人数甚至没有达到法定人数。今天，钱特尔负责在厨房做饭。据她讲，沙马无法到会，他已经向大家表达了歉意。马丁没有来，迈克也没有来。哈里虽然来了，可是他根本就不在投资状态，任何复杂程度超过第五杯啤酒的事情他都干不了。永恒的投资定律之一似乎就是这样的，当金融市场惨淡经营的时候，你就是使尽浑身解数，也没有办法把人们吸引过来。不过，可以肯定的是，我们要么成为捡到大便宜的人，要么成为割肉出局的失败者。我到底属于哪种人，自己也不敢肯定，但是至少我还是仍然照旧地来开会探讨这件事情。正在我苦思冥想到底该怎么办的时候，拉塞尔来到了酒吧，悄悄地凑到我跟前。

"你们股票俱乐部今年到底赔了多少钱?"他边问边笑，露出了一嘴烂牙，"现在，我的股票账户还处于浮赢状态。"

"啊，是吗?"我不想让他继续说下去。

他像个阴谋家似的俯下身子，我立刻闻到了一股夹杂着腌葱头味道的恶臭。"那个乌克兰农业种植公司，Landkom，现在的股票价格已经比我11月份买入价格上涨了15%。他们已经完成了第一次播种，只等7月份丰收了。我专等在那只股票上发大财了，你不要忘记我的话。Corin公司、尊谥①公司和Genus公司也都不错，我也要在这些股票上面发财。"

"很好，干得很好。"我说着，心里想快点离开这地方。

"你们股票俱乐部的那些人要是不认真听取我的建议，就一个子儿也赚不到，"他说，"我的意思是说，你瞧瞧他那个熊样儿。"他用手指着哈里。哈里正斜躺在沙发上，眼睛盯着酒吧的电视看。电视正在播出由华莱士与格罗米特主持的一档电视节目。"他怎么可能会赚到钱呢?他的利润都被他喝光了。"拉塞尔低声说。

"好吧，这么说来，你要是在酒吧花点儿钱买醉，难道就会要了你的命吗?"哈里大声说着，他也是一肚子牢骚。"你这小子比猫王艾尔维斯那条呈倒'Y'字形的男式紧身短裤还要吝啬。"

---

① Dignity是英国一家殡葬服务行业的上市公司。——译者注

2008 年 1 月 17 日，星期四：刺激消费需要零售疗法

在书斋的一叠文件下面，我又看到了老妈那份 2007 年股票投资的总结报告。这是我这周早些时候偷来的。去年夏天，这个账户的资产配置看样子还是够精明的，因为那段时间妇联的玛丽女士帮助母亲把她的股票资产好好打理了一番。8 月份，多蒂留给我那个周游列国的女儿杰迈玛 15 万英镑，这笔钱似乎是她卖出金边证券得到的现金。这个卖出决定似乎是个彻头彻尾的错误，因为账户里剩下的股票几乎全都是消费品零售企业的股票，看样子它们的业绩都很平庸。最近这些股票的价格表现似乎也相当悲观：罗兰爱思，自从 7 月份以来已经下跌了 17%；马莎百货公司以及英国航空公司，都下跌了 40%；嘉年华邮轮公司，下跌 27%；英国护理公司的股票价格下跌了 48%，甚至人造髋关节制造商施乐辉公司的股价也下跌了 5%，只有从事殡葬服务业的尊谥公司的股价还略有上涨。7 月份，我的股票投资市值还有 69 万英镑，现在股票市值才刚刚 41 万英镑，这差不多也算是一个灾难了。我给母亲打电话，问她打算怎样操作她的股票投资。

“什么投资，伯纳德?”她惊讶地反问道。

“你的股票。你有几十万英镑都押在了股票上，现在股票价格正在下跌。”

“不，我没有什么股票。我的钱都在邮政局。不过，股票价格下跌到什么点位了?”

“你看你，妈妈，股票经纪人在帮你进行股票投资，不是吗? 你知道吗，其中的股票包括马莎百货公司和英国航空公司，这些股票都可以在证券交易所上市交易。现在股票价格的跌势相当严峻呢。”

“呵，今天马莎百货商场正在搞低价促销活动吗? 我可以换张新的信用卡到那儿购物去。现在我手上这个信用卡太旧了，封套都开始脱皮了。尽管大英家居商场的商品质量一向不怎么好，这也是大英家居商场给大家提供的便民服务啊。”

“妈妈，请你听清楚行吗? 我现在不是在说购物的情况，而是关系到你多年积蓄的事情。如果不相信我，请你打电话给在妇联工作的玛丽，她会向你说清楚当前的形势。现在你每天都要赔上好几千英镑，所以我只是想请你果断地采取点儿行动。”

2008年1月18日，星期五：严厉的管家玛丽

今天上午，英国金融时报指数已经跌到了5 600点以下。我突然感觉到有些担心，我母亲的股票主要是商业零售类的股票。我给玛丽打了个电话。她是多蒂的投资顾问，现在在妇联工作。结果，她措辞严厉地把我批评了五分钟，我真是后悔莫及，要是不打搅她该有多好啊。

“好吧，说真的，琼斯先生，我真的不认为，这跟你有何相干，你母亲如何安排她的股票投资，这完全是她自己的事情。她之所以来向我们求助，还不是因为你过去老胁迫她，现在你怎么又要横加干涉呢？”

“好吧，好吧。你过去所做的事情初衷确实是很好的，我必须承认这一点，”我说，“你帮她把投资风险分散到各种各样的股票上面。但是在你的股票投资组合里面，商业零售类的股票有些超配了。而从去年夏天到现在，商业零售类股票的投资业绩已经比英国金融时报100种股票指数低了10%。”

“你是怎么知道这一情况的，琼斯先生？我并不明白，你跟这笔股票投资目前的股票成份构成有什么利害关系。”

“啊……不，我只是以为7月份持有的股票直到现在还都在里面。”

“我可以告诉你一些情况，琼斯先生。这里是诺特（Knott）的绿色妇联股票俱乐部，我是这儿的主席，从1957年创立以来，我们每年的投资业绩平均都要超出英国金融时报全部股票指数的2%。我们明白自己在做什么。我既然把你母亲招揽到我的旗下，就会替她打理好一切的。你那种自私自利的所谓‘帮忙’，我们不欢迎。我们两个现在把一切都挑明了吧！”

午前茶点：我需要吃一块迦法柑橘蛋糕，六块爱诺巧克力棒和一些甜奶脆饼给自己充充电了。

2008年1月20日，星期日：办税十万火急

啊，上帝！啊，上帝！我忘记了办理报税的事，我必须找到税务资料，还要带上钱，在月底之前把这件事情搞定。我找遍了所有地方，可是怎么也找不到那可恶的表格。或许，做这件事情还是上网办理最为方便。我知道，我去年已经签名同意网上办税，可是我还从来没有使用过这种方法。密码我也是到处都找不到。还是打电话问问咨询中心吧，结果等了好久电话也没有人接听。我听着那该死的维瓦尔第[①]提琴曲反复地播放着，最后电话终于接通了。我弄了一个新密码，上了网，但是微软视窗操作系统的小旗子只管摇个不停，而网络浏览器上什么东西都没有出来。半小时之后，我又打电话。又是听维瓦尔第的乐曲。最后，我终于能和服务人员说上话了。显然，网站业务很忙。哎，在这个大家办理税务手续最紧要的关头，出现这种情况确实有点儿出人意料。难道他们根本没有什么应对预案？这就好比我们在午餐休息时间到该死的邮局去办事一样。最后，在晚上 11 点 17 分，也就是在 6 个小时之后，我才输入了我那微不足道的税收数字。得到的缴税账单是 1 430.16 英镑，这要比我担心的金额小，但是我还是拿不出这笔钱来。

现在只剩下交钱就万事大吉了。我打算用自己股票账户上剩余的现金来支付税单，而尤妮斯那张巴克莱银行信用卡的账单，我没有用现金支付。我办理过一张银行金卡，金卡附赠有信用卡支票，虽然这种支票有点阴险狡诈，不过我可以用一张这样的支票给尤妮斯买单。这是一种现金垫付卡，几乎完全跟钞票一样好用，这东西会让人走上下坡路，而且这条下坡路是相当的滑溜。我希望自己最后不要落个像马丁那样的可悲下场。现在，他在各种各样的金融圈套里转圈圈，每况愈下，要是能有个债务重组他就算是烧了高香了。最后，凌晨 2 点 15 分我才上床睡觉，结果把尤妮斯弄醒了。

"伯纳德，你到底在哪儿呆着了？已经过 2 点了。"

"办我们的税来着。"

"我还以为你早就办完了呢。"

---

① Vivaldi，巴洛克时期意大利著名的作曲家、小提琴家。——译者注

“显然不是这样的。我们有一个严重的金融危机。”

“真的吗?”她哈欠连连，“我希望你没有投资那些莫名其妙的垃圾债券，比如伯瑞尔·林奇公司的债券。”她又开始连打哈欠。

“那是美里尔·林奇证券公司，不是伯瑞尔·林奇公司，我根本没有这方面的投资。或许，你要是在汽车方面的投资再少一些，或者说你要是别老出撞车事故，我们就能过上好日子了。”

“那你呢？整天花咱们的退休金在钟声酒吧喝酒，把我们存在哈利法克斯银行之外的现金都耗在了股票上面。”尤妮斯调整了一下她的眼膜，重新塞上了耳塞，然后关了灯。谈话结束。

这下你该明白了吧。两个人的想法不断产生冲突，这就是婚姻。

第8章
来自新兴国家的严峻考验

2008年1月21日，星期一：卖股修车

上午股票市场阴沉得不可思议。任何人都没有确切的线索以便了解到底发生了什么情况。大家都在谈论新兴市场国家，这些国家再也不能与世隔绝了。我从来都不认为它们真的是什么世外桃源。英国金融时报指数跌到了5 400点以下。华尔街也不能起到风向标的作用，因为今天是马丁·路德·金纪念日，所以华尔街金融市场今天休市。马丁打电话给我，问我们应该怎么办。我说不知道。钱特尔也打来了电话，问的还是同一个问题。任何人都没能跟沙马取得联系。虽然有点儿不大情愿，我还是给彼得打了个电话，他可真是够幸运的，他压根儿不知道金融市场上这出恶作剧。

“我确实没有什么值得恐慌的，伯纳德，”他告诉我，“我猜现在你已经把你大部分的股票资产都变现了吧？”

“嗯，我把宝维士房产公司的股票全数卖出了。但是，我把出售股票积攒下来的大部分钱都花在了尤妮斯撞车的额外费用上了，剩下的钱全用来支付所谓全面覆盖机动车保险没有覆盖那部分费用。现在我剩下的现金或许只有400英镑。”

“我的天啊，伯纳德。我压根儿不知道你可以投资的现金竟然这么少。你母亲持有的股票难道运气也不好吗？我原来以为她是非常有钱的。”

“别哪壶不开提哪壶了，彼得。她已经变成了十足的痴呆。我敢断定，她最后会把所有的股票投资都留给兰开夏郡奥姆斯科克那些荒淫无度的獾类，为它们修建动物庇护所。”

彼得非常悠闲，有点儿超凡脱俗。他根本就不大关心股票市场的情况，这让我非常生气。难道我们不是生活在同一个星球上吗？我只得回去自己烦恼，自己吃饭了。

午前茶点：半条爱诺巧克力和两块迦法柑橘蛋糕。

下午5点。我听说名嘴杰瑞米·帕克斯曼（Jeremy Paxman）也像我一样，在穿马莎内衣的时候遇到了麻烦。他的三角短裤居然把他的肚子勒得疼得要命，不过，这也让他赚了不少钱，现在他可以

跟老板斯图尔特·罗斯一块共进晚餐。而我呢，只能抱怨那种男式短裤上面那些荒谬可笑的格子图案真是该死。这条短裤还是两年前杰迈玛送给我的圣诞礼物，它除了让我遭到尤妮斯的讽刺挖苦之外，没有给我带来任何好处。

2008年1月22日，星期二：地牢与巨龙

早晨8点15分，马丁打电话向我通报一些情况，这些情况其实我也已经看到了：市场又像巨石一样向下猛砸开了。显然他已经开始恐慌了，他希望股票俱乐部马上卖出全部股票。

"可是，你看看，马丁，或许咱们已经接近市场的底部了。"

"我可不这样看。我在《投资者纪实》杂志上看到了这些图表，他们认为英国金融时报指数很可能要下探到4 900点。"

我使出浑身解数想劝阻他，因为他提议安排开一次股票俱乐部紧急会议。我把他打发走了，我开始看自己的股票，又要有很多人流血牺牲了。实际上，情况也不算太糟糕。QinetiQ防务公司、康巴斯餐饮公司[①]和达美乐比萨的股票价格都在稳步上涨。霍恩比玩具公司可是够惨的，但是幸运的是，我持有它的股票并不多。劳埃德TSB尽管前景悲观，不过，我至少还有望得到很多的股票分红。可是，宝维士房产公司真是让我气不打一处来。这家愚昧落后的房地产建筑商，我本月早些时候已经在490便士的价位卖出了这只股票，现在价格已经上涨到了600便士。不是说房地产行业已经陷入危机了吗？房地产价格下跌，次贷危机难道是子虚乌有？英国消费者负债累累难道还有假？似乎市场专家们正在等待全国各地像我这样的业余投资人都停止抵抗，然后他们好再低价吃进股票。我感觉自己上当受骗了。

正在这时候，尤妮斯轻手轻脚地走了进来，她正在吃果酱面包。她穿着一身松松垮垮的粉红色家居服，头上戴着卷发筒，脚趾甲上

① Compass，英国餐饮公司，全球500强企业。——译者注

还涂着可怕的橘红色指甲油。

“高贵而神圣的金融市场现在情况怎么样?”她有点儿自鸣得意，她脸上憋出的那种假惺惺的笑让我气不打一处来。她弯下腰来盯着电脑屏幕看，这时候，她把青梅果酱滴到了我的电脑键盘上。

“好吧，也不太糟糕，”我说着，上上下下地打量着她，“伦敦地牢[①]的情况又怎么样?”

我害怕那个永远也不曾到来的打击。恰恰相反，尤妮斯的心思全在高雅的社会文化上面。

“别忘了，伯纳德。今天晚上我们要去看一个演出。”

“什么？我不记得有这回事情呀。”

“你怎么会忘了呢？10 月份我就通知你了。咱们已经买了票，陪同厄姆格德和尼尔斯到滕布里奇韦尔斯[②]看中国京剧。”

2008 年 1 月 23 日，星期三：股票俱乐部大团圆

早晨 8 点 45 分。一起床，我就发现联邦储备委员会昨天宣布下调联邦基准利率 0.75 个百分点，降至 3.5%，各个市场又重新开始活跃起来。这一降息举措无疑是一剂猛药，但是我真的不敢确定降息能不能管用。由于贷款利息太低，全球经济已经受到了不少的拖累，现在人们一觉醒来才发现低息贷款的把戏已经彻底玩不转了。无论美联储的贷款利息降到什么程度，在一段时间内市场都不愿意继续喝下太多的借贷苦酒了。这就像酒精一样，现在这个时机已经到了，大家只要不再拼命喝高，市场就会恢复健康。可是，情况确实表明，美联储的格林斯潘“对策”[③] 在伯南克执掌美联储的时代仍然存在，而且依然很流行。通货膨胀的种种担忧似乎可以暂时搁置，悬而不决。说起这件事情，我还得说，在一两周时间里，

① London Dungeon，伦敦地牢，著名景点，以阴森恐怖闻名，真实地再现了中世纪时期伦敦历史中黑暗凄惨的一面。——译者注

② Tunbridge Wells，伦敦地名。——译者注

③ Greenspan ‘put’，格林斯潘担任美联储主席后不久，1987 年股市发生崩盘，他的救市措施就是积极向市场注入流动性，提供数量庞大的认购权证，打电话给各大投行提供购买股票的资金，防止市场因恐慌情绪而持续大幅下跌。——译者注

英国国防部给我的退休养老金已经被我彻底花光了，这真够让我脸红的。

在股票俱乐部，大伙儿这回来了个大团圆。

"这么说，一切灾难都已经结束了?"马丁问。

"我想，它才刚刚开始，"沙马说，"大家都认为将来会有一家欧洲银行陷入麻烦。"

钱特尔，今天穿着一件先被撕裂、又重新缝好的超短裙，描着黑色的眼影，穿着黑色的蜘蛛网紧身衣。她说，金属市场正在下跌。她的父亲，那个金属废料经销商，没有卖到 3 个月前的铜价，可是铅价仍然一切正常。

"今天他要去掀哪个教堂的屋顶?"哈里问。

"他可不是那种人，"她反驳说，"这只是你对他的偏见!"

"或许哈里患上了金属恐惧症加内裤恐惧症，"[①] 我提示说，"他害怕那些从事钢铁生意的人。"

算上我们积累下来的应收款，我们现在共有 2 000 英镑可以投资，但是我们都同意把这部分宝贵的现金留下来，等到价格进一步下跌再出手。

2008 年 1 月 24 日，星期四：金融衍生品

今天早晨，法国兴业银行蒙受了一场 50 亿欧元的惨重损失，原因是由于一个流氓交易员发生了一桩丑闻。他使用经理的密码，伪造了套期保值的交易，另外，他还把银行需要补充保证金的通知给隐瞒了下来。这个金融业的蜘蛛人明显已经编织了一个聪明的蜘蛛网，让他的雇主们在里面挣扎不已。可是，他单单缺乏一种技能：一种从中获利赚钱的能力。

我那独裁暴君似的孙子迪哥比将来也有可能会有这么一天，因为他也有邪恶的智力和狡猾的伎俩。上个周末，我教会了他怎么下象棋。到了第 3 盘，他就打败了我，而到了第 4 盘他就开始对我指

---

① Ferroemporiphobia，作者自造词。Ferro，铁。Empori，内裤品牌，由贝克汉姆代言其广告。Phobia，恐惧症。——译者注

指点点了。他现在只有9岁，可是我已经可以看到他50岁时候的样子了：坐在一个有扶手的靠背椅上，抚摸一只猫，并且计划着如何破坏全球的文明。

午前茶点：无论柠檬斯坦的边界是否被正式关闭，尤妮斯仍然侵入了这个地区。她用手套作为武装，悄悄地开了房门，当时，我正在吃下最后一条爱诺巧克力棒。

"对不起。门口的标牌上写着'请勿打扰'，难道你没看到吗?"我说。

"伯纳德，我要来这儿擦擦窗户。窗户已经太脏了，简直就跟你一样脏。"尤妮斯反驳着我的质问。她冲着我身边就挤了过来，一手拿着一块丝瓜筋，一手拿着喷雾器。她把普莱斯哥特那只皮皮猪玩具丢到了我的膝盖上面，把一堆年报推到一边，然后她就爬到了窗台上面。

"看在老天的面子上，老婆子，所有东西都让你弄得满天飞!"

"但是，这样乱七八糟的情况我实在无法再容忍下去了，"她说，"请看看这儿的面包碎屑，咖啡杯子上的咖啡渍，你可能还以为我看不到桌子后面的那块剩蛋糕吧。难道你没有读过那篇研究论文吗?那篇文章上说，工作台上的细菌比厕所马桶坐垫上的细菌还要多。现在你可以说我有洁癖，不过，我可不愿意咱们家成为恩施莱花园里第一个爆发埃博拉[①]病毒的地方。"

她一边擦拭着窗户，嘴里还一边用语言对于电脑屏幕展开攻势。她朝屏幕上面喷洒了一些窗户清洁剂，擦的时候还真是卖力气。最后，她转过身来，面对着我，"把那个东西给我递过来。"她一边说，一边指着我的阅读放大镜。

"啊，上天。为什么你就不能让我独自安静地待一会儿呢?"

"伯纳德，放大镜都那么脏了，拿着它你什么东西都不可能看

① EboLa，埃博拉病毒，一种能引起人类和灵长类动物产生埃博拉出血热的烈性传染病病毒。死亡率在50%～90%之间，名称源于非洲扎伊尔的"埃博拉河"。——译者注

到。”她伸手来拿放大镜，我一躲闪，结果把清洁剂的烟雾全都喷到了我的眼睛里。

“哎哟！”我发出一声惨叫，我完全有理由这么大声惨叫。

“别小题大做了。如果你坐着不动，哪会出这个事儿。别老哭哭啼啼，像个孩子似的。”

我跪在地板上，爬到了浴室里。我把眼睛里那该死的东西清洗了一下，心里在想着哪里有那些被市场打扁了的投资者能容身的距离最近的避难所。

2008 年 1 月 26 日，星期六：彻底“将死”

今天，布赖恩在学校有事要加班，他和珍妮特把那个反基督教主义者留给我们照看一天。取悦这个淘气包可不是容易的事。不过，我想至少我可以通过下国际象棋解决这个难题。还真别说，这个小象棋大师很快就进入了状态，可惜只坚持了 8 分钟。最后，当他还剩下一个王后、一个马和一排士兵的时候，他就开始输不起了，他抱怨说自己玩腻了。在下棋落子的过程中，他要么是无意识地拨弄他的手机，要么就是大声地打呵欠。我有了一个主意，让他同彼得下象棋。彼得是一家象棋俱乐部的会员，我想，对于迪哥比来说，这肯定是一个不错的挑战对象。此外，无论他是输是赢，都可以趁机杀杀这小子傲慢自负的威风。

2008 年 2 月 4 日，星期一：两口子也有代沟

今天是尤妮斯 60 岁生日。应她的要求，我给她买了一条绿色的紧身连体衣裤。“快看，我就是那个绿衣仙女。”她说着，做了一个原地旋转。这个动作真够大的，差点儿把她臀部的大堆脂肪都甩到九霄云外了。

“好吧，假如哪一天消防队的工作人员罢工了，你这甩掉的脂肪肯定会派上大用场。”我回答。

尤妮斯高兴得昏了头，哪儿有时间琢磨我说了些什么，因为邮

递员送来了一件 4 英尺长的大包裹。当我在喝咖啡的时候，她拆开了包裹的外包装，我这才发现包裹里面原来是一套金属管子。

“啊。难道你已经决定接受再就业培训，准备当个搭脚手架的民工吗?”我问。

“不，伯纳德。我想通过跳钢管舞达到健身的效果。”

“你要干什么?”

“现在这种东西非常时髦。那些跳钢管舞的人舞蹈动作虽然有点儿滑稽可笑，不过，却是真正实现健美塑型的最佳手段。我希望把我的背部重新塑造一下，恢复青春时代的完美体型。快看，包裹里面还有一本 DVD 光碟，介绍塑造魔鬼身材的方法与步骤。”

“尤妮斯，我最最亲爱的，”我用低低的语调温柔地说，“今天是你 60 岁的生日，或许在有些方面你也没有必要那么严于律己吧?”

“伯纳德，平时我总以为你会喜欢我像你老妈那样，经过岁月的考验，逐渐染上一种类似甜美的雪利酒那样的体香。你可以听天由命，慢慢地变成老年人，穿着松松垮垮的羊毛衫。可是，我可不能那样。昨天，我在《每日邮报》上读了一篇文章，文章里说像我这样年纪的女人要是不抽烟就可以活到 90 岁左右。按照我现在 60 岁来计算，我还可以再活上一半时间。我已经下定决心，剩下这 30 年，我一定要活出点儿精彩来。我们夫妻生活很和谐，不是吗？我们可以花钱去旅游，我们要拥有健康的身体。这么好的福气，我们哪能白白浪费掉呢！打今天开始，两个月内我打算减肥 30 磅。一旦我重新恢复了苗条的身材，我保证，我的回头率肯定会是相当高的。”

回头率？很可能不会这样。当然，别人肯定会大倒胃口。充分享受生活当然是很好的，但是享受就得花钱，而我们那份养老金还需要细水长流，只有现在节约一点儿，我们的老年生活才会有经济保障，才可能参加稀奇古怪的巡游，才可能为温室购置新式的藤编家具，才可能在法国风景秀美的多尔多涅河边开车兜风度假。诺里奇[1]工会那些满脸络腮胡子的保险精算师们看到了一个令人惊骇的事实，英国退休工人得到的那些企业利润分红以及退休金简直是薄如

① Norwich，英格兰东部伦敦东北的自治区。——译者注

稀粥，而且实际上这笔钱在那些贪心不足蛇吞象的家庭主妇们手里都被捐献给了酒吧的柔软体操，还有一部分资金被用于到加勒比海地区参加滑翔伞训练课程，以及配戴水肺的水下探险活动。

“这么说，闹了半天，你整天在楼上乒乒乓乓的，原来就是这个缘故？你是在锻炼身体吗？”

“是的。我那不是在伸展伸展我的底盘吗。”

“假如我是你，我就会先把卧室的地板给强化一下。咱们可不希望把这个钢管舞变成吊在餐厅吊灯上面的荡秋千表演，是吧？”

第9章
粗暴的投递服务

2008 年 2 月 8 日，星期五：必和必拓继续看涨

股票俱乐部有一只股票选得相当成功，那就是必和必拓矿业公司。今天《长线投资者》杂志评价说这只股票“价格已经见顶”。已经见顶了吗？在我们看来，并非如此。几个月前它的价格是 1 900 便士，现在价格只有1 650便士。只要对于金属原材料还有需求，那么这只股票肯定还不会见顶。2006 年，我们买进这只股票的价格为1 155便士，现在它的股价绝对有望冲到 20 英镑。

午前茶点：我要了两块迦法柑橘蛋糕，等待面包店送货上门。我在网上给尤妮斯订购了一个情人节礼物，一本 1896 年出版的老书，书名是《好女人取悦丈夫指南》，作者是露辛达·莫克特（Lucinder Mockett）夫人。我希望通过这本书可以让尤妮斯重新恢复对于传统婚姻目的的认同感。书里面讲了许多东西，比如如何雇用家庭保姆；如何一边给丈夫准备行李箱一边给孩子扯卫生纸；如何把男人的鞋套熨烫得又快又好；诸如此类。在这本书中，最接近异性交往的内容就是教导女性，当你看到男士那“乱七八糟的宽腰带”之后要能够眩晕得不省人事，这才够得上淑女风范。

2008 年 2 月 12 日，星期二：汽车追逐赛

我仍然没有看到书的影子。我给出版社打电话催问，他们说明天一定会送货上门的。10 分钟之后，我刚好要把车开出车库，准备到钟声酒吧去，我看到一个客货两用车从房前开走了。门口有一个字条，上面写着“无人应答，所以包裹未能送达”！我跳上汽车追赶，幸好，还能够看到那辆送货车，就在前面的十字路口。但是当我的车赶到时那辆车已经驶上了主路。我跟在这辆车后面追了 5 英里远。在此期间，那辆车亮了两次黄色的警灯，为了避让一个骑自行车的人它甚至还冲上了人行道，吓跑了两个在斑马线上推着婴儿

车散步的年轻妈妈。我闪了闪汽车大灯，可是依然没有收到效果。最后，在一个地方政府建造的简易住宅那儿，我终于把那辆车给截住了。司机是个瘦得皮包骨头的年轻人，头上戴着一个蓝牙耳机，他看着我的神情好像我要打劫似的。

“请原谅，我想你这车上应该有我的一个包裹。”

“序列号是多少？”

“17 号，恩施莱花园。”

“不是这个，伙计，我是问你包裹上面的投递号码是什么。”

“我怎么知道？该死，你又没有邮递给我们，我怎么能给出这个号码……”

“号码就在一张卡片上面。就是我刚刚在你家门口放的那张卡片。”

“我没有拿那张卡片，因为我要追上你，所以我就把它落在家里了。看看！那个包裹就是给我老婆的，17 号的尤妮斯·琼斯……”

“对不起，伙计。请你打电话给我们的库房，我们明天会给你投递过来的。”

“但是，现在书就在这辆车上，马上给我拿来！况且，我还能让你少跑一趟呢。”

“对不起，伙计。我不能给你这个包裹，因为收件人不是你。这涉及为客户资料保密的问题，明白了吧？”

“但是，你应该把邮件送到收件人的家门口呀！”我气呼呼地说。

“噢，是的。可是，同时我们还要确认这个地址就是包裹上写的那个地址。”

“但是，我刚才明明已经告诉过你我家的地址了呀。好吧，这就是证据。”我在口袋里翻找着我的钱包，可是，我只找到了我的录像带租用卡。

“对不起，伙计。我不能在大街上随随便便把东西投递给什么人。”

“可是，我刚刚还给你看了我的家庭住址呀！”

“这不足以证明什么。你或许刚刚抢劫了人家的东西呢。”

“之前你没有发出任何通知，我怎么知道有人要给我家里送包裹呢？”

“现在，要是你手上有那张卡片，情况当然就不同了。”他说。

“怎么可能？你不一样可以说我可能是从别人那儿抢来的吗?!”

“你说得也是，这么说来，你的确必须拿到投递号码才行。”

“这么说来，只是因为你为了得到那个该死的邮递号码，你就可以心安理得地抢劫一个人对吗？天底下哪有这种事情？”我气得直嚷嚷。

“现在，你的态度已经有些欺人太甚了。我们不能把包裹交给一个态度恶劣的顾客。”这个年轻人说。

“可是，你刚才拒绝把包裹交给我，你可是态度恶劣在先了呀！”

“保持头脑冷静，伙计。我们明天会投递过来的。”

我已经被气得七窍生烟了，只好钻回了汽车里面。那辆装着尤妮斯包裹的客货两用车也开走了，继续它在肯特地区的神秘旅途。

2008年2月13日，星期三：投递失败

我注意到，达美乐比萨的股价反弹强劲，已经达到了220便士。因为人们对于奶酪价格上涨的担心，11月它的价格一度受到重创。在我看来，这种股票才是在经济衰退时期能够保持业绩增长的好股票。因为当经济好的时候，我们更多地是吃别人给我们做的饭，而我们自己下厨的时候就比较少了，在这样的市场环境下，达美乐比萨是人人都买得起的便宜食品。

说起包裹投递这件事情，一直到我应该离开家到股票俱乐部去的时候，那个该死的包裹还是连个影儿也没有看到。我到包裹物流商“城联快递公司”的网站上看了看，这才知道原来这家公司是能多洁公司[①]的一家下属子公司。这真是叫我感觉既屈辱又伤心！1998年，我曾经冒险买进这家公司的股票，当时正赶上2000年的大牛市，股票市场涨声一片，泡沫严重。可是，这只股票最后居然让我赔了夫人又折兵。这真让我羞愧。在我看来，能多洁公司的包裹投递业务似乎永远也干不好。

① Rentokil，能多洁公司，主要经营住宅及办公楼的虫害防治业务。——译者注

2008年2月14日，星期四：又是这样一个情人节

上午9点30分。今天是情人节，送给尤妮斯的礼品书还是没有送来。她正在抓紧最后一点时间，抢购一些食品杂货。（天知道她这是怎么了，不管怎样，今天晚上我们要到外边吃饭呀。）而我却在不停地拉窗帘，盼望着那个黄绿相间的城联快递送货车能够及时赶到，因为此前快递公司已经向我做出了真挚的承诺。

午前茶点：两块迦法柑橘蛋糕，书还是没有送到。

上午11点45分。我打电话给城联快递公司，在能多浩公司的商业版图中，快递业务这块儿的业绩肯定是最糟糕的。它的自动化语音邮件系统简直是愚蠢透顶。我花了两分钟时间在电话键盘上拨入了我的信息，这让我厌烦不已，于是就把电话给挂断了。我走进了门廊，在门前的鞋垫上有一张投递卡片，上面写着："我们打过电话了，可是你们不在家。"正在我准备大发雷霆的时候，门铃响了。我赶快操起距离我最近的武器——杰迈玛那把圆点图案的粉红色雨伞。我心里默默祈祷着来者最好就是可恶的能多浩公司员工，那么我就可以用日本忍者那样的高效率把他赶走。

我打开门，原来是尤妮斯，她手里拎着一大堆包，大概她没有找到她的钥匙。"伯纳德，你拿着那把雨伞要干什么呀？天又没有下雨。"

"我正在预谋杀人。"我一边说着，一边把她手里的包接了过来。

"今天又是情人节，你这个老浪漫主义者！我刚才又犯了什么错儿？"

我给她解释了包裹未能投递的事情，她也富有同情心地听了。

晚上7点30分。我们到伦敦西区一个时尚的希腊饭店共进晚餐，这家饭店是厄姆格德和尼尔斯向我们推荐的。最精彩的情节是，我那件颜色极其鲜明的运动夹克上面被弄上了点儿橄榄油，馅料里面还有一块希腊炖羊腿的骨头。这笔账单也真够大的，包括迄今为

止还让人摸不着头脑的“服务费”——每人 6.75 英镑。在付款的时候，我还向餐厅经理提出了一个“愿望”，我告诉他虽然我们吃的皮塔饼面包都已经馊臭了，小肉片菜卷里还掺了一茶匙的烂泥巴，我还是愿意付款；此外，我还愿意自掏腰包对服务人员进行一次文明礼仪培训。这时候，饭店经理板起了脸，皱起了眉头。尤妮斯告诉他说别管我这个刺头儿，因为我目前正处于“男性更年期综合征”的高发期。

晚上 11 点。尤妮斯已经喝了四大杯莎碧利干白葡萄酒，但是她仍然坚持我们睡前再喝点儿饮料。她到隔壁的酒柜里又拿来了一瓶亚伯克虏伯公爵酒，或者一瓶别的什么酒，便打开喝了起来。这儿的噪音就像一堵墙一样压得我们透不过气来，这时门被打开了。就像伦敦西区的很多饭店一样，这家酒吧也是张灯结彩，里面有名人签名的黑白老照片，照片上尽是一些古代酒鬼的戏剧性形象。看看这一批已经被人们忘记或者完全可以被人们忘记的人物，我敢肯定，他们从来不曾光顾过这家饭店，或者至少从来都没有记住这家饭店的名称。令我大惑不解的是，他们居然能违心写下“为了我最亲爱的女主人紫罗兰女士干杯!”以及诸如此类的混账话。

我打车到了钟声酒吧，穿行在成千上万名一脸茫然的韩国游客中间，他们每人都喝了半品脱的吉尼斯啤酒。我还在路上遇到了一群南非人，他们身上都穿着橄榄球运动衣，个个身高都超过六英尺，大声叫嚷着开一些玩笑。这引起了唯一一个酒吧女招待的注意。这个女招待阴沉着脸，这表明我根本不可能在这种不上不下的位置上跟她进行争球表演。因此，我又被迫迁回到两个体型庞大的南非白人中间。他们两个汗流浃背，我好像挤在两个瀑布之间。

“嘿，你这家伙。怎么的也该说声‘借光’啊!”一个人瓮声瓮气地说。因为我当时正用肘轻轻推着他，想从他的腋窝下面过去。

“五分钟之内，我都没有说过什么话呀，”我回答，“我轻轻拍了拍你的背，但是你做出的反应只是在背上抓了抓痒痒。”

“我还以为肩膀上落了一个大苍蝇呢，”他笑着说道，“哥们儿告诉你，随便你们想喝点儿什么，我替你们点好了。”

我告诉他，我想要一小杯威士忌酒加姜汁，还要一杯白兰地。“哎，兄弟，这儿的杯子都太小了。不过，我们会想办法给你们弄好的。”他斜靠在吧台上面，一手把住那个酒吧女招待的肩膀，向她悄声耳语了一阵子。然后，他拿了我的20英镑钞票，随手递给吧台后面的酒保。他们给我拿回来的杯子是满满的。“那个双份儿的拿破仑白兰地[1]是给你太太的，这杯是先生您的，这是血玛丽酒。”

“看看，那种酒正好是我想要的……”

“伙计，这是找你的零钱。”他递给我一个5英镑钞票，外加几个铜板。

“这对吗？总共才买了两杯酒？”我大声说。

“对的，伦敦是个生活昂贵的地方，不是吗？”他说着，转身离开了。

在这种时候，你通常有两个简单的选择：要么坚持立场，然后让你的脸接受整容手术，要么学会喜欢别人给予你的东西。我啜了一口酒，这酒不是苏格兰威士忌，但是也非常可口，我把尤妮斯的白兰地递给了她。

“这是拿破仑白兰地，”我说，“我要了一个双份儿的。”

“哇，伯纳德。你是不是想把我灌醉？”尤妮斯说着，用一种非常暧昧的眼神向我眨了眨眼睛。

“谁想把你灌醉？不让你喝得醉如烂泥我才会有一种成就感。”

我花了半个小时才把一直痴痴傻笑的尤妮斯送回了酒店。据我估计，这家酒店应该是上流社会的人经常光顾的地方，位置就在拉塞尔广场旁边，每晚收费是150英镑，但是实际上它的星级评定还赶不上伯明翰或者黑泽市的家庭式客栈[2]。吱吱作响的水龙头，放水孔还被上面缠绕的头发给堵塞了，（我相当肯定）在酒店房间的小酒吧里的冰箱密封条上还有蟑螂。该花的钱也都花了，我感觉清醒了不少，于是我开始剔牙。我知道，除非奇迹出现，否则几分钟之后情人节的河马撩逗行为就要上演了。

我回到卧室，尤妮斯已经四肢伸展地躺在床上，身上穿着一件

---

① Courvoisier，白兰地之所以又被称为拿破仑，是因为其创始人与拿破仑很熟悉，常将佳酿送至宫廷以供饮宴之用，因此这酒就有“拿破仑之酒”的称誉。——译者注

② B&B，Bed and Breakfast 简写，意思是向客人提供早餐和床，其实就是家庭式的客栈。——译者注

时髦的法国少女外衣。更准确地说，这种衣服基本上只能称其为内衣。“噢。先生。我想我忘记清扫房间了。您看，我应该如何向您表示歉意呢？我保证，你想让我干什么事情我都乐意配合。”她说话有点儿含糊其辞，她这是在模仿那种都市情景喜剧的腔调。

“好吧，这还不是容易得很，因为洗手盆上面确实污垢也够多的。恐怕，我在便池上面还看到了一片剪下来的脚趾甲……”

“噢，伯纳德。别破坏这种虚构的浪漫气氛好吗！别那么大煞风景了！”尤妮斯撅起嘴跟我生气地说，“好的，好的，到这儿来。告诉我你都有什么幻想。”

“好吧，我不能确定你是否想要……”

“不要紧，说吧，我思想是开放的。今天是情人节，我真的不在乎它有多么不堪。”

“嗯，我心里真正幻想的是……”

“是什么？”

“我幻想着，我待在一个宽敞的房间里面，斑驳陆离的阳光从空气中过滤进来。空气中弥漫着薄薄的烟雾，远处有些不知名的小虫子在微微颤动。最后，还有几声温柔缥缈的钟声响起。因为从布里斯托尔的坦普尔·米兹疾驶而来的 4 点 13 分的西部特快列车穿过了优美的隧道涵洞，沿着铁路轨道在两个圆形桥梁上绕了两圈……”

“伯纳德！我说的不是那种幻想。你知道的……性方面的幻想。”

“恐怕我早已过了拥有那些幻想的年龄了。”

“不，你还没有过……”

“要是你与那个免费寄宿的外国女交换生在一起，你会有什么幻想？”

“你是说跟阿斯特丽德在一起？你这是什么意思？”

“别装出清白无辜的样子看着我。当她在奥里奥丹家的花园里晒裸体日光浴的时候，你不是也像个寻花问柳的男人一样偷窥人家吗？难道那时候你们还是在讨论最近霍恩比公司推出的新型铁路模型部件吗？”

“我并没有偷窥。我当时正在修理灯具，然后一不小心摔了下来。”

“胡说八道。你是个偷窥者，这一点你比谁都清楚！”

"我不是偷窥者。我只是碰巧瞥见了……"

"伯纳德，你需要有南美洲水蛇那样灵活的脊椎才能爬到那个天窗上面。你难道什么也没有看见吗？你冒着生命危险，站在一个摇摇摆摆的小凳子上，这样你才能像一个老变态狂似的跟人家眉来眼去的。我才不管那么多，但是你从来都没有向我送过秋波。你甚至都没有……看过我一眼。似乎对于你来说我根本就不存在。"尤妮斯一边哭泣，一边诉苦。

又是这样一个情人节！这似乎已经成了一个难逃的怪圈，所有的花销与期待最后全都演变成了一连串激烈的争吵与打闹。这可真够扫兴的。我们本来可以度过一个完全和颜悦色、两情相悦的夜晚，就像其他头发灰白的老年人一样，安静地吃上一顿，喝一杯葡萄酒。我们可以散散步，然后回到我们的酒店房间，晚上 10 点再看上一场电影，甚至是重播的《最后的夏季葡萄酒》。但是，可惜我们没能做到这一点。尤妮斯不断想要在老年人冷寂的灰烬中重新点燃青春期的火样激情，而以我的情况看来，这些灰烬早就被扫荡一空，倒进我们婚姻那个绿色环保的垃圾箱里面了。

2008 年 2 月 18 日，星期一：可怜的天花板

我一直在消磨时间，专门等待那个该死的包裹。我正在读能多洁公司的首份年报。这个公司的业务多元化的程度真是叫人眼花缭乱。从老鼠药到洁厕灵，从室内景观植物到在亚洲经营的"电子保安系统"，五花八门，无所不包。我希望能够在这家公司的股票上面做个空头仓位，但是我的点差交易账户已经在垂死挣扎，而且我也没有现金补充权证交易的保证金了。另外，这样做其实也不能奏效，因为我同时还要卖空马莎百货公司的股票，结果我只是"成功地"损失了几百英镑。

我一直希望在中午之前能够接到所谓的再次投递，不过，直到我允许自己吃一块葡萄干馅饼，城联快递都没有一点到来的迹象。而此时，却从餐厅里传来了某种砰砰的声音。等我吃完了蛋糕，走进餐厅，看到尤妮斯正趴在地上，她的钢管包装箱里的零件都被摆放在地板上。

“我说过，亲爱的，我会帮你组装这东西的。”

“是的，1983年的时候你还说过你准备把厨房的瓷砖重新贴一次，2001年你又郑重承诺你要把卧室的墙纸重新贴一遍。至少，安装钢管这件事情是我自己力所能及的。”尤妮斯回答说。

“那好吧，亲爱的。”我又回到书斋，开始准备不管这叮叮咣咣的声音以及气呼呼的牢骚话。半小时之后我再次回到餐厅的时候，尤妮斯已经不见了，但是钢管已经被立起来了。确实，它紧紧地撑在地板上面，而且天花板上面脆弱的石膏板已经给弄裂了。

“天啊，我的老婆啊！”我低声嘀咕着，我想平复一下紧张的气氛。可是，我只是把钢管慢慢地松了半英寸，这时钢管的下半截就从它的套子里掉了出来，发出了“当啷”的一声响，而天花板上一块有垃圾箱盖子那么大的石膏板就“咕咚”一声裂掉了。要想防止天花板全面崩溃，唯一的办法是用钢管的上半截撑着，因此我不得不尽可能紧地握着它。

恰在此时，我听到门铃响了。该死！这是给我送包裹的。因为我不能离开这根柱子，因此我吆喝尤妮斯来帮忙开门。没有人回答。我又用更大的声音吆喝她，还是没有人应声。“马上就来了！”我生气地冲向大门。正当我又是恳求又是诅咒的时候，一张卡片正在以让人痛苦的缓慢速度，掉进了信箱里面。两分钟之后，我听到洗手间里冲水的声音，尤妮斯像风一样跑下楼来，身上穿着她那身绿色紧身连衣裤。

“伯纳德，你干什么大吼大叫的？这个家里是没有和平的希望了……啊，上帝，你到底做了什么事情？”

“你认为这是我做的事情？”我怒吼着，就在这个愤怒的瞬间，整个天花板都塌了下来。

2008年2月19日，星期二：侍候老婆起床

我起床了，拿着一杯早茶给尤妮斯送过来，我发现她脾气很坏。那只猫在她的情感中的位置原本要比我牢固得多。今天早起，这只猫跳上床来准备让她早晨抚摸一段时间，尤妮斯甚至连看都没看它

一眼就一把把它从床上推了下来。显然，作为尤妮斯真正的朋友，我将要遭到一种更加粗暴的对待了。像平时一样，我需要重新整理一下尤妮斯的床头柜上摆放的各种各样的东西，以便给这只杯子腾出个地方来。今天柜子上显得比平日还要乱七八糟：耳塞，眼罩，药片，指甲剪，指甲锉，指甲钢砂板，还有一个宝姿美容护肤品商店开具的九件套收据。我的手已经被滚烫的杯子烫得拿不住了，我把杯子放在这个收据上面，这个地方大概也是唯一可以放杯子的地方了。随后，她特别严厉地咂咂嘴，向我表示不满。

“伯纳德，请不要放在那儿，它会在收据上面烫出一个圆圈的。我今天必须把那个注满硅胶的鞋跟垫子拿回来。不，不是那儿。不要放在那本书上面。你知道这也会留下一个烫痕的!”

“但是杯子太热了！我都被烫得受不了了。”我又把杯子拿了起来。

“啊，作为一个大男人，别老跟个娘儿们似的，伯纳德。再坚持一会儿。”

我的手指关节正在慢慢地被手里捏着的杯子烘烤着，我开始在地毯上痛苦地跳起了踢踏舞。我深深地叹息着，尤妮斯在床上坐得更高了一些，重新调整了一下那个三角形的防背痛枕头，然后她从床头柜上拿起了她那本硬皮封面的书，书名是《坚持爱达荷州 9 种豆食谱，我在 6 周内减肥 600 磅的秘诀是什么?》，作者是弗莱图拉·泰尔派普[①]。她找到正在阅读的页码，折上书角并且把书轻轻地放在床上，搁在她身边。

“现在，把茶就放在那儿吧。”她说。

我几乎是把杯子撂到了桌子上，然后，把烫伤的手指头夹在了穿着睡裤的大腿中间。

“伯纳德，别呜咽哀诉了。假如你有点男子汉气概，像一个正常人那样用托盘把茶杯端上来，那么你就不会被烫着了，不是吗？去吧，快点儿把手指搁到水龙头下面冲冲。”

于是我摇摇晃晃地走进了主卧的浴室里，给我那滚烫难忍的肌肉灭火，同时还要忍受老婆不停的抱怨。我真的不能相信。姑且不

① Flatula Tailpipe，作者自拟的人名，戏谑语，原意为“臭虫排气管”。——译者注

说我早晨 5 点 45 分起床是因为当时她那只宠物猫正在抓挠卧室的门，也不说我又是给她泡茶又是给她送茶，这本身就是一种善举，就凭我是唯一给这个愚昧的家庭赚钱的人，也不应该把一切过错都归到我头上呀！她不会感觉幸福，除非我打扮成房间服务生的样子，在手腕上搭上一张亚麻餐巾纸，手里托着一个银质的茶盘，茶盘上面放着一个茶壶和两个瓷杯。

最后，我终于又回来了。

“把手甩来甩去有什么用，伯纳德。那样做于事无补。去拿一包冷冻豌豆，好好捂上 10 分钟。我还有一些芦荟修复汁液，你可以涂上一些。”

“芦荟汁？这听起来像是一个伦敦人的问候。”

“太滑稽了。现在，请你麻利点儿好吗！它在楼下的抽屉里面。”

“哪个抽屉？”

“厨房的抽屉。”

“厨房的哪个抽屉？我们厨房有好几个抽屉。”确实，自从我们把厨房全部用高价的莫奔厨房设备重新装修之后，我们的厨房要比歌星麦当娜的闺房还多几个抽屉呢。我从来没有找到过什么东西。我开始下楼，驴叫一样的声音从我身后传了过来。

“使用一下你的常识吧，伯纳德。”

“我可能要用好几个小时才能找到那个该死的东西。我不知道你把它放在哪儿，也不知道它是什么样子的。”

我打开了一个抽屉，一只手在餐刀和叉子中间叮叮当当地翻动着。“不在这儿，我没有找到。”

“哎呀，它怎么可能在餐具抽屉里呢？”这就是她大声的回答。“也不要在它左边的抽屉里找，那里放的是烘烤蛋糕用的锡箔、制作糕点用的酥皮材料以及切面包用的刀具。”

“难道我们要费这么大的劲儿吗？就像是搜捕敌人的血腥巷战，要不然你就干脆告诉我，这个救命的黏性物质到底在哪儿，好吗？”

“你不要跟我吆五喝六的，伯纳德！你不需要提高你的嗓门。我这不也是在帮你呀！”她怒气冲冲地说。

在水盆旁边的一个抽屉里面，我找到了一个名为妮维雅的东西。“是这个吗？名叫妮维雅的东西？标签上确实写着这是一种护肤膏。”

“不是。要的是芦荟汁。啊，天哪。”一分钟打雷似的下楼声音之后，我看到了尤妮斯，穿着家居服，趿拉着绒布棉拖，她站在了我身边。我打开了第700个抽屉，里面全是小摆设和零碎玩意儿。

“该死，它不在这里。”我边说边扒拉着一堆鸡尾酒吸管、饮料搅拌玻璃棒以及装饰性的烛台。

尤妮斯走过我身边，打开了冰箱旁边的橱柜，“在这儿，给你，伯纳德，现在你不用恐慌了。”

“但是，那是一个橱柜呀。你明明说是在一个抽屉里的。抽屉是沿着轨道推拉的，而那个该死的东西却只有门轴，哪是抽屉呀。我是说，你这样让我怎么能找到它？你刚才是派一个三度烧伤的人徒劳无益地胡乱翻腾呀。”

“别那么夸张好不好。刚才杯子是有点儿热。你却让这听起来像是在战场上遇到了凝固汽油弹的进攻。”

尤妮斯打开了瓶盖，抓住我的手，喷出一大堆液体涂抹在我的手指上。“好了，好了，现在好点儿了吗？”

“仍然还是死疼，如果你要我说实话的话。你误导了我，这耽误了我的治疗。”

“那么，你还是通知社会服务部门好了，”尤妮斯不客气地反击，“如果你走运的话，他们会把你送到医院接受治疗，你可以和其他老年病人一起坐在养老院里等待，等着别人用塑料小勺子给你送来流体食物。那些员工的报酬都是很低的，而且那里的医护人员的工作量都是严重超负荷的。你的要求简直苛刻得离谱儿，我巴不得不照顾你呢。”

在接下来的一小时内，我们继续不顾一切地争吵。我穿着睡衣，手指头也黏糊糊的，外面还包着冰冻的豌豆，尤妮斯抱怨我不可理喻。

午前茶点：我到当地的面包房买了两个新鲜出炉的奶油面包片，上面抹着软糖一样的奶油冻、草莓馅料、还有一层糖衣。吃完之后，我感觉好多了。

2008年2月20日，星期三：起夜的毛病

今天早晨，尤妮斯感觉眼神特别迟钝。当然，这全怨我。在吃早餐的时候，我发现，她小口喝着咖啡，抱怨的对象也开始慢慢地具体化了，她满面愠色地盯着正在阅读《每日电讯报》的我。

“昨天晚上你老是起夜，总共有多少次？”她问。

“我想有两回吧。你怎么问这个？”

“伯纳德，一定不止两次。光是你把我弄醒就有三次。你这样做也太不体贴人了。”

“好吧，假如不是你把熨衣板放在卫生纸盒子的前面，我就不会踢到它了。”

“最近，关于你的前列腺毛病，你去看过医生吗？”

“呃，去看了。我想是的，一切都好。”

“什么时候？”她说着，情绪突然强烈起来，“你怎么没有给我说过这件事情。”

“我想，那是12月份的事情了。”当然，我这是在说谎。既然尤妮斯非常热衷于圣诞节购物，我想她应该不会保留什么历史证据来反驳这一点。可是，由于尤妮斯的窃听和侦察技术连国家安全部都要甘拜下风，我还是不能过于乐观。当然，另外还有著名的审讯技巧，这一点我很快又领教了一回。

“12月的哪一天？”

“我也记不清了。我想，可能是星期二。”

“哪个医生？”

“实际上，没有什么医生。英国国民卫生局最后把它的各种法令都统一清理了一回。这回他们有了一个完全取得了资格认证的医生。他既没有花里胡哨的豹皮发型，也没有什么非洲的驱魔符咒，我得说，这让我松了一口气。”

“伯纳德，你看了哪个医生？”

“帕金森医生。”

“是在星期二吗？可是，只有星期三和星期五他才上班呀。你敢肯定吗？”

“或许是拉曼医生。”

“天啊，伯纳德，到底是哪个医生？你难道以为我会相信，你分不清这两个人吗？一个是就要退休的 6 英尺高的兰开斯特的板球迷，另一个是总穿着（妇女披的）纱丽的 30 岁的孟加拉国的妇女。”

“啊。那么这个大夫好像又不是拉曼医生。”

“不，我认为不是，我认为根本哪个医生都不是。你根本就没有去检查，对不对？无论如何，我曾对你说过，这可是男人最大的杀手。”

“婚姻吗？”

“前列腺癌！”

“我没有得癌症呀。”

但是，或许我患上的是婚姻的终极病毒。要是有什么地方能让我得到医治就好了。

2008 年 2 月 28 日，星期四：沉没的成本

上周城联快递公司发布公告说公司将不再为我再次投递包裹，因为城联快递公司已经导致能多洁公司的营业收入彻底崩溃，这几乎像恩施莱花园那次“餐厅大塌陷事件”一样壮观。我只是希望我能够“卖空”这只股票，因为这样一来我就可以有足够的钱请建筑工人来修补那块天花板了。

2008 年 3 月 5 日，星期一：巴菲特之路

股票俱乐部真是哀鸿遍野，凄惨一片。我们正在考虑如何面对“跌跌不休”的股票市场。钱特尔今天在吧台后面工作的时间比任何时候都长。她向我们透露，她已经不能继续每月向俱乐部凑份子钱了。俱乐部的出纳员沙马耸耸肩，他说，哈里已经连续 6 个月没有凑一分钱了，而马丁则是在他债务重组之后才又开始凑份子钱的。

“这么说，只有你、我和迈克，咱们三个人了，”我说，“我想你

已经把份额比例修正过了，这样就能增加我们的股票资产所占的份额。”

“我已经做了，”沙马说，“当然，情况相当不妙。我们账户上只有1 650英镑。如果每个会员都照章办事，我们的份子钱应该是这个数的两倍。在英国金融时报指数达到5 800点的时候，市场上有成堆成堆的便宜股票，正等着咱们抢购吸筹呢。有些人就是指望靠回报丰厚得令人难以置信的股息收入过日子的。”

“这话可是那个曾经让我们买进诺森罗克银行的人说的。”哈里眼睛直盯着《每日体育》杂志看，连头都没有抬一下。

“是的，我说的是其他银行的股票，比如说苏格兰皇家银行。”

“啊，下一个诺森罗克银行。”哈里窃笑着。

“快看，”沙马说，“对于更低的股票价格，我们当然应该乐观其成。但是，我们必须像沃伦·巴菲特那样果断采取行动。”

“但是，我已经在这样做了，”马丁说，“自从1958年以来，我一直生活在这个房子里面，我每天开着一辆11年车龄的旧汽车，当我跟霍丽结婚的时候，我给她买了一枚从打折物品邮购清单上选择的戒指。”

“巴菲特不也那样做过吗?”钱特尔问，“这成本实在是太低廉了!”

“是的，但是巴菲特控股了那个货物目录销售公司，还有许多别的东西，”沙马说道，“不，我的意思是说，巴菲特说他更有把握的是，在价格下跌时总是能够买到有价值的好股票。但是，在英国金融时报指数处于低位的时候，假如我们不能继续维持我们的份子钱，那么我们就会错过许多廉价买进好股票的大好时机，从而进一步推高我们未来买进股票的平均成本。假如我们维持固定金额的份子钱，或者更好一点的选择，即不断增加份子钱的数额，我们就能够看到每英镑投资成本长期摊平的好处。”

“那好吧，我准备再投资100英镑，”哈里说着，递给沙马一卷钞票，这是他从自己的屁股后面的裤子口袋里摸出来的，“但是，你要记住，不要买银行股。要购买某种安全边际更高的股票，比如说烟草公司的股票。”

“对于投资人来说，它们的安全边际的确是高的，但是对于抽烟的顾客来说就不是这样了。”我说。

“那就随便什么股票好了，”哈里说，“那钱可是我老婆埃芙丽尔的家庭护理费，请你记好了。这回请你不要再给我弄赔了，呃，洛克菲勒先生？”

第10章
反基督教主义者的恶作剧

2008 年 3 月 8 日，星期六：多蒂对多蒂

我的这个周末贡献给了家庭节日聚会，我老妈、布赖恩、珍妮特和那个反基督教主义者迪哥比都来了。我开车把他们都带了出去，到坦布里奇韦尔斯喝了一个传统的下午茶。这个地方仿造了里昂街角酒吧的装修风格，女招待都是穿着制服，背景音乐播放的是格兰·米勒（Glenn Miller）爵士乐队的一张唱片。我老妈被这些吸引住了，可是她嘴上还是不停地问这问那，比如说那种维多利亚风格的海绵蛋糕是不是用蛋黄粉制作的？她还点了一块肉汁面包“作为特殊招待”。我家这个反基督教主义者情绪特别败坏，他点了一块咖啡加核桃的奶油蛋糕，价格已经涨到了 3.95 英镑，可是后来他又不愿意吃，因为他说他不喜欢咖啡。

“请你还是把它吃了，迪哥比，”布赖恩说着，用他最为镇静柔和的、阅读《卫报》的语气，“想一想，那些在不发达国家的人们，他们正在辛苦工作赚钱来购买吃的东西，这全是生物燃料惹的祸。”

“假如你不吃它，迪哥比，那就把它给你的爷爷吃。他喜欢吃蛋糕。”珍妮特一边说着，一边引导那个恶意的小孩子服从这个跟爸爸的指令具有竞争性的妈妈的指令。

迪哥比顽皮地笑着，用他手上那把叉子把这片面包完全给捣碎了。“给你吧，爷爷。吃起来又好吃又容易消化。”

“啊哟，你真是个调皮鬼，”多蒂说，“那可是一周的黄油定额！在闪电战中，你如果那样做就会被送上绞刑架的。”

“没有关系的，妈妈。”我一边说，一边吃那些美味依然的面包碎屑。

“迪哥比要为这个东西买单，对吧？”那个孩子直管摇头，但是这回他弄错了。我准备把这个钱从我给他预备的一项定期股权的养老金中扣除，我准备在他生日那天开始给他建立这项养老金计划。等到他 65 岁的时候，今天这片面包将要花掉他未来的 150 英镑。

2008 年 3 月 9 日，星期日：迪哥比被将了一军

按照计划，我带上迪哥比去看望彼得，上午我们下国际象棋。

我们坐在彼得的大型温室里面，周围都是盆栽植物，杰拉尔送上茶来，还给那个反基督教主义者一杯柠檬水。

“呃，这里头怎么还有什么小块块!”迪哥比说，检查着杯子里的东西。

“这是我用新鲜柠檬榨的果汁，亲爱的。”杰拉尔丁说着，稍微有点儿生气。

象棋比赛开始了，迪哥比马上就遇到了麻烦。只见他皱着眉头，生气的迹象越来越明显，因为他的耳根都开始发红了。彼得刚刚准备好将上迪哥比的王后，恰在此时，这个孩子突然向前一冲，随后他的柠檬果汁就完全泼到了棋盘上面，把棋子弄得到处都是。可是，他这个花招并没有打乱彼得那强大的棋手的思路。因此，在桌子和棋盘被擦洗干净之后，他仍然可以准确地回想起棋子的位置。迪哥比又坚持了 5 分钟，他终于被将死了，然后他跺着脚跑到厕所里去了。一直等了半个小时，他还没有回来。“没有关系，”彼得说，“我已经告诉他，他可以在我的电脑上玩电子游戏。”

啊，不要。这肯定是这个象棋手犯过的最大的错误。

2008 年 3 月 10 日，星期一：宝维士房产公司的业绩令人满意

啊，亲爱的，啊，亲爱的。宝维士房产公司的业绩报告不及市场预期。在它公告业绩数据的那一天，我就可以快乐地看着股票下跌了，它的股价接近了我 1 月份卖出时的 490 便士。我儿子布赖恩在周末时曾经评论说，目前房地产业规划中的项目已经太多了。现在，我似乎同意了他的看法。或许，这就是宝维士房产公司让我以前赔钱，现在给我带来的利润。如果我看到了这一点，这些股票我本来可以在 1 200 便士卖出的，这些消息影响了我形成自己的观点。或许，我在哈姆斯沃思兄弟地产公司有过这样的经验。他们砍掉了我那棵初恋的梨树。我曾在那棵梨树上刻下了阿梅莉亚・里格利的名字，那是多年以前的事情了。这使我想起曾读过报道说，他们打算就老果园的房地产开发项目展开法律诉讼行动。我想我要写信给当地政府谈谈这件事情。

午前茶点：正在吃饼干的时候，我突然想起我还没有收到城联快递公司那个该死的包裹。看着我收到的最后一张“投递未成”的卡片，我意识到我必须在明天之前去快递公司把包裹取回来，不然他们就要把它送还给邮寄人了。

2008年3月11日，星期二：取个包裹怎么那么难

开车40英里，我来到了一片备受风吹日晒的工业区，又用了半小时才找到那个没有名称的仓库，城联快递公司每天就是从这里开始它的生意的。我找到了接待室，这里就像一条幽灵船一样，空无一人。5分钟之后，一个满脸青春痘、戴着耳环的年轻人过来了，我把那张写有订单序列号的卡片递给他。他二话没说就走开了，等了20分钟都没有回来。接着，一个气喘吁吁的妇女走了过来，她问我是否可以帮忙。我告诉她，有个人正在为我寻找包裹，可是这人再也没有露过面。她询问我包裹的号码，我向她解释说，号码就写在那张卡片上面，我记不得了。我向她描述那个拿走了卡片的年轻人的长相。然后，她就给“达伦”发了条短消息。不一会儿，一个留着胡子、穿着工装裤的家伙来到接待室，告诉我们说达伦休年假去了。

“可是，我的书怎么办？”我说。

“我去帮你拿，”大胡子说，“啥号？”

“我不知道。达伦把卡片拿走了，”我怒火中烧，不禁愤愤地说，“你能不能从我的地址上面检索到那个号码？”

等了好久，她叹了一口气，不住摇头：“假如不登录派送系统，你就不能找到号码。”那个女人说。

“这有什么难处吗？”我问。

“系统现在已经关闭了。请你改天再来，好吧？”

到了这个时候，我感觉自己就要像意大利的维苏威火山一样爆

发了。最后，我回到了汽车上，被气得就像一个恶魔一样开车回家了。我走进屋子，家里空荡荡的，一个人也没有。在门前的垫子上只有一张邮递卡片，是城联快递公司留下的："我们来了，可是你不在家。"

哎呀呀！

2008 年 3 月 12 日，星期三：烦透了

美国联邦储备委员会已经向美国的银行系统注入了 4 360 亿美元的流动性，这样一来银行间就可以互相借钱了。把这么大一笔纳税人的钱都借给疯子，这似乎是愚蠢透顶的举措，因为这些疯子正是酿成这场次贷灾难的罪魁祸首。难道这些疯子不会把钱装进行李箱，然后跑到拉斯韦加斯赌博吗？这个救市举措没能让人们对股票市场的信心维持多长时间，24 小时之后股票价格开始了新一轮的下跌。

2008 年 3 月 13 日，星期四：彼得也会犯错儿

彼得今天给我打电话，他情绪有点儿激动，这可不是他一贯的风格。

"伯纳德，非常抱歉，可是我不得不告诉你这个消息，上个星期天你带孙子来我家玩的时候，我想他肯定是在无意之中改变了我电脑上的某些设置。"

我早就知道会发生这种事情。彼得愚蠢地安慰这个反基督教主义者，因为迪哥比刚刚在两人的象棋比赛中被打败，彼得让他在自己的电脑上玩电子游戏，而我们哥儿俩则在楼下聊天。从此之后，这个担忧就一直萦绕在我的心头。我非常确定，有一个词儿在这儿已不适用，这个词儿就是"无意之中"。

"到底发生了什么事情？"我问。

"嗯，缺省的字体设置变成了西里尔字体，字号是四号字，字体颜色是黄色，而背景颜色是粉红色。取消这些字体设置我也没有花费多大工夫，可是，当我重新启动电脑的时候，字体设置就又重新变成了前面所说的那个样子！另外，我还发现，我所有的网站收藏

夹都不见了。”

“实在是抱歉。他可不是一个认赌服输的象棋玩家，可是他对于电脑却非常在行。我只得遗憾地对你说，这不大可能是一次意外事件。过去，他在我的电脑上也做过同样的事情，所以我现在都给电脑加上了密码保护。”

“可是，这种事情确实是让人不能容忍的。孩子他爸就没有就此采取过什么措施吗?”

“啊，布赖恩相信，孩子的禀赋需要在一种创造性不受到任何拘束限制的环境里自然成长。我担心他爸爸是那种经常把《卫报》社论当圣旨读的学校老师。”

听到这些话，彼得鼻子里哼哼了一阵子，之后的谈话就变得相当快活了。“不管怎么说，我还是打败了那个小恶魔，是吧? 我把他的王后包围吃掉，现在他弄坏了我的电脑，我再也不用为这件以大欺小的事情感觉内疚了。”

2008 年 3 月 14 日，星期五：尊谥公司的殡葬业红利

拉塞尔这个在钟声酒吧最让人讨厌的酒鬼无疑会感到很高兴，因为那个从事殡葬服务业的尊谥公司又获得了骄人的业绩。这是他选择的股票之一。公司利润同比又有了 10%的增长。看起来，死人的殡葬费用也正在逐步上涨，就像面包、鸡蛋、牛奶的价格在上涨一样。这家公司预计，在未来 10 年内，英国全国的死亡率将呈逐年上升趋势，因为生育高峰期出生的那一代人将进入死亡高峰期。我认为，这一定是顽固不化的反向投资者玩的把戏。不过，这个消息也让我的心颤抖起来。除了 21 倍的市盈率和 1.5%这么低的投资回报率这两个指标之外，这个消息让我感觉更加心寒，这消息简直比长斗篷消费合作社的厕所还要冷。

2008 年 3 月 17 日，星期一：伤心星期一

英国金融时报指数继续下跌，勉强收于 5 400 点上方。我都不敢查看我的股票投资了，担心给自己带来更大的精神压力。今天剩余

的时间我打算躲藏在阁楼里面，给火车模型上方的水塔刷上彩漆，同时吃点儿姜汁坚果饼干。

2008年3月18日，星期二：灾难袭击彼得

晚上10点45分。我正要上床睡觉，突然接到了彼得十万火急的电话。

“伯纳德，我想我已经成了某个网络骗子的牺牲品。我有两个银行账户已经被人家洗劫一空了。”

“啊，太可怕了！”我惊恐万状地说着，急于想问他损失了多少钱。可是，我没有那样问，而是问，“你怎么知道这是一个网络诈骗犯？”

“因为我们没有在网上使用的数额较小的家庭银行账户或者储蓄账户都还是好好的，只有我在电脑上使用的账户，包括我主要的投资账户都出事了。我一贯是非常小心谨慎的。我没有把密码记下来，除了家里的电脑我从不在其他电脑上登录账户，我也从来不喜欢那些花里胡哨的骗人伎俩，他们的骗术就是让你在假冒的网站上重新输入安全密码。可是，我刚刚购买了某种安全杀毒软件，我用它对电脑进行病毒扫描后发现了一个‘键盘跟踪记录器’木马。”

“那东西是不是某种电脑病毒？”我问道，心里感觉世界末日就要来临了，这种感觉在我的脑子里像一块越来越沉重的石头。我只知道那个反基督教主义者一定与这件事情脱不了干系。

“很明显，人们把这种东西称为木马病毒，意思是说一旦无意之中你把它弄进了电脑，它就会像那些隐藏在特洛伊城的木马中的希腊人那样等待进攻的时机。它监测你输入账户信息，然后把通过键盘输入的密码复制下来，传送到互联网上，到了某个犯罪分子那里，最后他登录网络，把你的账户洗劫一空。”

“好悲惨呀。这绝对是够让人震惊的。你已经打电话报警了吗？”我问。

“报警了，我先是给银行打了电话。不过，我现在给你打电话的原因是，病毒扫描显示键盘登录器是在3月9日即星期天上午11点

55 分安装到我的电脑上的。你知道，这天正是你带迪哥比来我家玩的那天……”

“嗯，那么你要保持冷静，彼得，”我说，“现在，我知道迪哥比确实是一个相当调皮的孩子，但是做这种事情他肯定还不到那个本事。他还不到 10 岁，我的意思是……”

“伯纳德，我并不是说他编写了那个该死的木马软件。但是，似乎很有可能的是，当他在浏览网页的时候碰到了某个危险的网站链接，并且在无意之中下载了某种东西。事实上，他删除了网络浏览器的历史记录以及我的网站收藏夹，他也应该承担一些责任。”

“我感觉震惊，我确实是……”

“伯纳德，我主要是担心，银行通常都会赔偿一部分受害者的损失，这些人纯粹是网络诈骗活动的受害者，而他们自己并没有什么过错。无非是他们不加监督地让其他一些不是自己家里的人，使用自己的电脑。这种行为会被理解为自己把门窗打开，也给入室盗窃犯打开了方便之门。至于那些遭到网络骗子盗窃的钱，我担心我从银行那儿一个子儿都得不到。我不得不告诉你，杰拉尔丁现在愤怒得都不可理喻了，而且把火都撒在了你身上。”

我刚刚把电话放下，尤妮斯穿着睡袍，头上包着头巾，就开始盘问我了。

“你怎么能不看好迪哥比呢，你这是怎么回事？”

“哪能，我当然不会不监督他。”

“你无法向我证明你是完全不知情的。你知道，他是一个电脑方面的专家。”尤妮斯知识渊博地宣布着。然后，她又回来了，每天夜里她都要派给我十万火急的任务——把她的拇趾囊肿给挫平。

“我原本也不知道他在哪儿！我当时还以为他在厕所里呢，正在这当口儿彼得就批准他在电脑上玩网络游戏了。”

“啊，伯纳德，你知道这是一个多么不值得信任的小淘气包……”

“快看。你真是个事后诸葛亮。木已成舟，完了就完了呗，我们现在也没有办法挽救了。”

“可是，彼得的损失可能成千上万。光是像一个呆瓜似的坐以待毙又有什么用？你必须采取点什么措施！”

“那你有什么建议？孤掌难鸣，你难道要对东欧国家黑手党实施孤立无援的圣战吗？像希律王那样把所有年幼的电脑天才一律赶尽杀绝？或者给彼得写一张 424.17 英镑的支票，现在我们的账面上总共也就这么多钱，这点儿钱可能只是他全部损失的一个零头，你说不是吗？”

第11章
特别的出国游

2008年3月19日，星期三：最后一分钟的提议

股票俱乐部成员今天正在深入讨论如何处置我们手上持有的自动银行转账公司股票问题。这家公司现在的新名称改成了孚朋通信公司。正在大伙儿热烈讨论的时候，我们听到了拉塞尔走路时总会发出的那种独具一格的哨音，他还是穿着那条闪闪发光的、化纤料子的阿斯达牌运动裤。

“下午好，诸位输家，”他笑着说，“你们今天又把钱塞进哪个黑洞里去了?”

围坐在会议桌旁边的人异口同声地说“闭上你的乌鸦嘴”，酒吧吧台后面还有一个人说了一句“给我滚开！你这个混蛋”。在酒吧忙里忙外的钱特尔此时一边听着大家的议论，一边端上了为退休老人准备的定量午餐。这是一种烤宽面条（上面浇了肉末番茄汁），专门给在酒吧大堂里闲聊的退休人员准备的。

“听着，我给你们这帮人提一个建议，”拉塞尔说，“我们可以到一个具有历史意义的欧洲沿海城市来一次短暂休假，那儿的建筑非常可爱，那儿的夜生活充满了活力。其中最大的亮点是，那儿的啤酒一品脱才卖30便士，两个人吃一顿饭只需要花5英镑。”

“一品脱才30便士?”马丁欢呼道“你这不是在耍我吧?”

“而且，他们还有正宗的高度淡啤和窖藏啤酒。”拉塞尔补充说道，看到自己现在抓住了大伙儿的兴趣，他有点儿洋洋得意。“黑啤酒，正宗的传统酿造工艺，长达数百年的悠久历史。此外，如果你们今天能够决定下来，我能给你们弄到往返的飞机票，价格都是一个便士。”

“这肯定是一个欺诈陷阱。”钱特尔叫嚷着，一边走上前去，手上端着一大堆盘子，盘子里的东西看上去、闻起来都像是一块烤焦了的油毛毡。“你还不知道他是个啥样儿的人。”

“那好吧”，马丁说，“你知道吗，这将是一个狂野的周末，待在一个像海滨小镇斯凯格内斯那样的旅行大篷车度假。”

“到了晚上，大家可以听一听说唱音乐，在汽车停车场里那些毒品走私犯的宝马汽车经常播放的就是这种说唱乐。”哈里补充说。

“好吧，你们这一帮人可真够悲观的，”拉塞尔说，“我叫你们去

完全是出于好心。本来，我可以找上几个爱打斯诺克台球的朋友，想要住满所有的房间还是很轻松的事情。不过，我自己寻思着，不能这样，我肯定钟声酒吧的股票俱乐部也非常想抓住这个机遇，因为他们也非常喜欢拣便宜。”

“这么说，你自己也打算去了?”我问他，好恶两面的情绪兼有。

“我当然要去了。这是 4 个晚上以后的事情，每个房间一晚上收 5 英镑。你们只需要付食品和饮料的钱，这就像我平常说的‘死便宜’，还有零零星星的杂税。”

“别卖关子了，把秘密透露给我们听听吧，”迈克一边说话，一边把雪茄的烟灰从他那件饱经忧患的灰色羊毛衫上面轻轻弹了下来，“在什么地方?”

“好吧，在里加。明天晚上出发，星期一早晨返回。我跟你们讲，这个假期保准让你们撒欢儿撒个够。”

“这个里加到底是在什么鬼地方?”哈里问。

“它是拉脱维亚共和国的首都。”我说。

“拉脱维亚?”哈里说，“是不是卡扎菲上校的那个地方?”

“你说的是利比里亚，”马丁说，“我想，拉脱维亚一定是南非的某个小地方。”

沙马看着这场议论越来越不靠谱了，忍不住说道：“真的，你们真的是我遇到过的最无知的家伙。感谢上帝，我们不大做新兴市场的投资业务。拉脱维亚是波罗的海诸共和国中的一个，原是苏联的加盟共和国。它的北边有爱沙尼亚，南边有立陶宛，它则介于二者之间。哈里，卡扎菲上校是在利比亚，那是非洲北部的一个国家。马丁，利比里亚是在非洲西部!”

“马丁，刚才你说的那个南非的地方，叫做莱索托。”钱特尔插了一句，拿出了一品脱吉尼斯啤酒。

“很幸运，有我在这儿给你们安排这件事情，”拉塞尔说，“你们这伙人要是谁有路子到彭盖镇上度过一个一醉方休的周末，我的鼻子都不信。这么说来，哪个人够胆量和我一起前往这个啤酒几乎免费的极乐世界?”

一时间，没有一个人说话。大家逐渐意识到，这趟旅行中唯一冒险的部分就是你要与拉塞尔一起度过，而不是因为你要待在另外一个国家，不管这个国家如何名不见经传。

“我听到过有关拉脱维亚的正面新闻报道，”沙马说，“那里很多人都会讲英语，大概里加也是一个迷人的国际性大都市。那儿的违法犯罪活动也不太多。”

“这么说，你是投赞成票了？”拉塞尔问。

“呃，不。我还有许多家务需要处理。”沙马说。

“嗯，我倒有点儿想去。”哈里说。

“要是真那么便宜，我也愿意去，”马丁说，“这是我唯一消费得起的假期旅游，这是肯定的。”

“钱特尔，你感觉如何？”哈里问。

“如果你认为我要和你一起度假，那你可想错了，”钱特尔说，“特别是在我听说过去年咱们俱乐部外出旅游的空前盛况之后。”

我回想起去年环游英国的时候，大家都坐在哈里那辆筋疲力尽的捷豹汽车里面，还有跟大家一起坐在车里的那条直淌口水的大狗，所有参与者都记忆犹新。

拉塞尔已经向我们打了包票，包括所有费用在内可能每位费用还不到 100 英镑。他还想方设法把迈克也给圈了进来。至于我，虽然投赞成票，可是我必须事先获得尤妮斯的批准才行。

“听我说，拉塞尔，”我说，“我必须哄我老婆说这次旅行是有关股票投资的重要事务，要不然，尤妮斯肯定不会批准我去。我们能不能说咱们打算出国考察一下新兴市场国家的一些上市公司之类的事情？否则，她要么会不准我去，要么她很可能会想跟大家一道去。”

一听说尤妮斯也要和大家一块儿去，全体成员都不禁气愤地发起牢骚来。她只用 40 分钟时间就能把钟声酒吧的股票俱乐部每个成员都批判得体无完肤。因为去年在我的生日聚会上俱乐部里有人组织了一场表演，这个痛苦的记忆大家当然不会忘记。

2008 年 3 月 19 日，星期三：傍晚的借口

晚上 6 点 30 分。今天晚上尤妮斯做了一桌非常倒人胃口的饭菜。这个晚餐看上去就像是马路上汽车撞死野生动物的现场，不过，

显然是她先用开心果和甜菜根以及莴苣一起炒了一下，然后又在上面煎了几条鱼。我面无表情地吃了一口，然后马上就胃里一阵恶心，噎得再也吃不下去了。

“别那个德行，伯纳德。那盘菜里含有人体整整一周所需要的欧米茄 4[①]和硒元素。”

“这菜有点儿苦。”我勉强吃着，不希望让老婆生气，因为待会儿我还要请求她恩准我到外国旅游呢。

“这菜可是从厄姆格德的《男性健康》烹饪书籍上学到的配方。”

“啊，这么一说就可以把一切都解释清楚了。”我一边回答，一边品尝了一口佐餐的饮料，这饮料的味道就像是稀释了的白鼬血浆，其实就是用酸蔓果汁和豆浆调配成的。

“你要明白，伯纳德，我要注意你的前列腺和小肠道的健康，还要关心你的胆固醇摄入量。确实，我这是在纠正这些劣质蛋糕、饼干、糖果给你带来的巨大伤害，你应该感谢我才是。据我所知，在你的书斋里面仍然藏了不少诸如此类的违禁食品。”

“好吧，谢谢你的关心。”我说。肚子里面吃饱了这些食品之后，我话锋一转，谈起了这次旅行的事情。

“亲爱的，”我的语气开始温柔起来，当然这很快让她提高了警惕，“股票俱乐部现在有一项任务，准备占用一个周末的时间搞一下市场调研工作，调查主题是新兴市场的投资环境。”

“希望不会是像去年的那种事情。”尤妮斯回答。

“嗯，不会的，这回是出国考察，到拉脱维亚去。这次我们在市里休息，包括酒店，全部费用算下来大约每人只合 100 英镑。这价钱确实很低廉。”

“啊，这听起来很好。我看我们两个都应该去。我还从来没有到过波罗的海沿岸的哪个国家呢。”

“嗯，那好吧。我也不知道你是否会喜欢这个国家，到时候会举行一些投资介绍会，与商人们展开谈判，尽是那种商务活动。你会感觉厌倦的。另外，那儿一年四季都非常寒冷，全年都是零下好几度，肯定冷得不得了。你知道吗，每年 4 月份之前波罗的海的那个

① Omega 4，不饱和脂肪酸的一种。——译者注

海域都属于冰冻期，你明白吗？”所有这些话都是我匆匆忙忙编出来的谎言。

“伯纳德。你老是跟我讲你们的股票俱乐部穷得叮当响，假如真如你所说，那么，为什么当地的商人还愿意排起长队跟你们搞商务谈判呢？再说，你们当中又有哪个人会讲拉脱维亚语？”

“啊。我想当地人大多数都是会讲英语的。我并不知道所有的细节情况，拉塞尔负责张罗这件事情。”

“可是，他甚至连股票俱乐部的成员都还不是，这没错儿吧？”尤妮斯说，“这种活动似乎也没有多大意思。可我还是认为你这样做只是为了搪塞我。我的意思是说，我们也有好几个月没有出过国门了，不过，现在终于有了机会，你却不带我跟你一起出去散散心。”

“带上你同去，我当然是高兴还来不及呢，我说的可是心里话。但是，事发突然，我没有来得及汇报，不然我哪敢先斩后奏啊。”

“哎呀，这么说，你什么时候出发？”

“明天，然后星期一就回来。”

“但是，伯纳德，这个周末我们还要参加厄姆格德和尼尔斯的聚会！”

“啊，”我撒了个无伤大雅的小谎，“我还以为那是下周末的事情呢。”

“伯纳德，别老这么荒唐透顶了。我好几个月前就把这个应酬写进你的日记本里面了。你心里门儿清，他们这次是要发起一项网络饮食咨询的服务项目，你也知道我可是老早就答应人家说我们两个要积极支持、积极筹备、积极参加这次誓师大会的。”

“啊，亲爱的，这实在是太无聊了，”我说，“但是同时你也要知道，我飞机票都已经买好了。”这话也是说谎，可是我现在说的谎已经太多，根本没法收回了，只好继续：“我已经向拉塞尔保证说，我还要帮助他登记人数的，因为我们还有许多人要去的。”

“但是，我也已经为了参加造势活动特地购置了一件全新的晚礼服呀！”尤妮斯哭着说。

“好哇，这衣服你以后不是还可以穿吗，你说呢？”我缓和了语气说。

“别用那种假惺惺的态度对待我了，你这头顽固的老犟牛。别以为我不知道你到底要干什么。那种聚会上可是人才济济，假如我参加聚会时有了艳遇，被哪个年轻性感的男生给拐骗走了，你可不要抱怨。”

“啊，难道他们又邀请到了北肯特的全瞎先生和半盲先生吗?”我问道。我正待躲闪避让，那些剩下的晚餐已经朝着我的脸呼啸飞来。

那天晚上，我还是小心做好了防范工作，我把护照藏了起来，把钱包和一套西装都藏在阁楼上面，那儿有一个可以盛放衣服的箱子。我才不相信尤妮斯会就此罢休呢，她肯定会把重要的物品藏匿起来，阻止我出行。

2008 年 3 月 20 日，星期四：斯坦斯特德机场的全体起立

尽管在最繁忙的时候，斯坦斯特德机场的登机处是一个熙熙攘攘的地方，不过，到了晚上 11 点 15 分，它确实也够冷冷清清了。哈里、马丁、迈克和我同乘一辆汽车来到机场，我们看到在排队等待登机的人群已经多了起来。大家根本没有看到拉塞尔的影子。

“嗨，伙伴们!”我们抬头看去，钱特尔正向这边走来。她穿着一身氨纶的弹性紧身上衣，上面还装饰着一根大钉子，染了一头橘红色和紫色相间的头发。跟她一块儿来的还有一个个子高挑、形体曼妙的女子，年龄约摸 25 岁，穿着半高腰儿的高跟长靴，牛仔裤，留着一鸣惊人的莫希干人风格的绿色头发，浣熊条纹的黑色眼影。“这位是我的朋友史迪芙，”钱特尔说，“她也要跟我们一块儿去。”

“听你说了那些抱怨的话，我本来还以为你肯定不会来了，”我说，“你为啥又改变主意了呢?”

“嗯，带个朋友一起来，这没有什么不可以吧?我当初不想来，主要是担心旅行团里只有我一个女性会有诸多不便，咱们俱乐部的哈里尤其是色胆包天，万一我被他逼上绝路，非被他吓死不可。史迪芙是一位跆拳道红带选手，所以这回你们可得加点儿小心了。特别是喝了几杯伏特加酒之后，她可是个武林女侠!”

“拉塞尔到哪儿去了，哈里?”我问哈里，哈里这会儿正在张着

嘴冲着史迪芙淫笑，我这一句话把他的美梦打断了。

“啊，我想他肯定自己走了个不带行李的快速通关。他曾经问过我，看我能不能把他的包当作我自己的包拿着，而他却要先行一步，在排队登机的人群中占个好位置。”

“等一会儿吧，”我说，“瑞安航空公司①对包裹收取额外费用，不是吗？”

哈里仔细检查了一下那一沓证件，还有拉塞尔给他的预订参考资料。“这个邪恶的杂种，”他低声咒骂，“这个吝啬的、诡计多端的、邪恶的狗杂种。”

当我们最后来到瑞安航空公司的桌子前面，我们发现我们只是支付了最基本的费用。我们已经明白，那个 1 便士的飞机票已经因为税款膨胀到了 15 英镑。但是我们还没有意识到我们被预订为没有任何行李，所以每人必须再为每个包缴纳 12 英镑才能带上行李。此钱，每个人还要缴纳额外的 3 英镑，这是服务附加费。等到哈里把 3 个包都办完手续（一个是他自己的，两个是拉塞尔的），他的脸色铁青。

“我现在已经比整个周末报价多损失了 100 英镑，而且我们还没有离开这该死的斯坦斯特德机场呢。”

夜已如此之深，我们原以为机场安检肯定会比较松懈一些，不会太麻烦。不幸的是，钱特尔和史迪芙走在我们的前面，她们必须脱掉皮鞋和夹克衫接受安检，而且还不能携带任何尖锐的物体，以免触发通关处的报警装置。最后，他们分别受到女性安全官员的贴身检查。我们其他人则在旁边等着。

后来，我们终于过了关，进入了登机离港的候机室。我们发现拉塞尔此刻正坐在候机室的吧台前面。他今天一反常态，穿着雪白的衬衫和运动夹克，显得格外精神。他已经喝了半品脱的法国克能博格啤酒。哈里这个 6 英尺 2 英寸的大个子简直把肺都气炸了，他大步走上前去，红彤彤的脸庞就像是一颗草莓。随后，两人争吵了 10 分钟，但是最终还是互相妥协了。拉塞尔说，他负责支付哈里在酒店的消费账单，以补偿他为自己那两个包的花费。回来时，他的

① Ryanair，爱尔兰航空公司名称。——译者注

行李费用将由他自己承担。拉塞尔说："我认为，现在我应该花钱让你们大家每人都喝上一杯。"

这样的提议，迥然不同于其一贯的风格，让其他人全都缴械投降了。"你居然肯为大家掏啤酒钱，这真是出人意料，"马丁说，"我们原以为你会等待咱们到了啤酒更便宜的里加，那时候你才会请大家喝酒。"

"啊，好吧，在疯疯癫癫的时候我总会想出好办法来的。"拉塞尔轻轻地抚了抚他的夹克，把他早年在柯斯坦公司[①]工作时那张带有照片的工作证挂在脖子上。然后，他走到了酒吧的另一边，那边有一大群蓄着八字须的商人，其中有些人手里还拿着波兰语的报纸，刚才他们已经为周围的人买了一大圈饮料。

"对不起，先生们。这里有飞往波兰去的吗?"他说着，身子斜靠在吧台上。

他们点点头，拉塞尔向他们要登机牌，然后向他们念每个牌子上打印的航班号码。他点了点头，然后告诉他们，机场显示屏出了故障不能正确显示航班信息，而且因为有安检报警，所以他们应该直接到大门口去登机。有一个人开始大口大口地喝他的酒，但是拉塞尔要求他们马上离开，因为航班可能提前起飞。商人们匆匆忙忙离开了，并且有些气呼呼地用手指着显示屏比划着。看到他们已经走过了转弯处，拉塞尔招呼我们来到那个桌子那儿。

"我真不敢相信你。"钱特尔说。

拉塞尔用力地嗅着每杯酒："哈里，马丁，这些卡林啤酒他们连碰都没有碰过。女士们，两杯双份儿的伏特加，其中一杯加了橘子汁，只少了一小口儿。迈克，恐怕这儿是没有真正的艾尔啤酒了。差不多一品脱的香迪啤酒[②]怎么样?"

"我才不喝那一杯呢，"迈克说，"酒杯上面还淌着口水呢。太恶心了。"

"这可是你的损失，"拉塞尔一边说话，一边干了一杯，"另外，大家都要喝得快点儿。我们大约还有 10 分钟时间，否则那些波兰人

---

① Costain，英国油气炼制加工设备公司。——译者注

② Shandy，一种掺干姜汁麦酒或柠檬汁的啤酒。——译者注

就要回来找我算账了。”

“上帝，我原以为哈里是一个好碰运气的人，”钱特尔说，“现在我们的冒险精神已经上升到了新的高度。另外，请大家共同举杯庆祝，里加，现在我们来了！”她和史迪芙嘴里一边说着这话，一边又反戈一击说他们几个取得伏特加酒的手段全是邪门歪道。

2008 年 3 月 21 日，星期五：艰苦的里加之行

我模糊地睁开一只眼睛。我的脉搏里有一种苦涩的波浪让我眩晕。一丝半灰半亮的光明透过薄薄的窗帘，伴随着远处飞机的轰鸣声飘了进来。我的手表，仍然是英国时间，显示时间是早晨 7 点 17 分。尽管有着宿醉不醒的不适反应，我还是感觉到了一阵激动的战栗。此时，我还没有来得及回忆自己是怎么来到这个有趣的地方的。我翻了一下身，然后有点儿颤抖地伸展了一下手臂。我摸到的只是墙壁。啊，是的。这是一个单人床。

昨天晚上的事情似乎有点儿模糊不清了，不过，渐渐地我还是回忆起来了。我记得我们是在凌晨时分抵达了里加机场，我们 7 个人都钻进了一辆小面包车。司机找不到拉塞尔预订的那家酒店。钱特尔和史迪芙已经给自己买了一瓶伏特加酒，天知道她们是从哪儿买来的。她们在酒瓶子里插上了吸管，就这样喝了起来。这瓶酒被传了一圈，我也喝了一口。只有迈克和我做好了准备，一边饮酒一边吃我们在瑞安航空公司航班上买的三明治（还有沙门氏菌和黄瓜)，其他人都是空腹饮酒。最后我们终于找到了酒店，那是一家黑暗的小客栈，在这个城市的一个食品市场的后面。

“这根本不是个好酒店。”司机说着，看了一眼客栈那个破破烂烂的招牌和脏兮兮的窗户。

“不，这就正好。”拉塞尔说着，开始下车。

“不，不好。这里有一群坏蛋，他们会把你们洗劫一空的。你们应该找一家正规一点儿的酒店。好马配好鞍。你们这些尊贵的游客，还是住豪华酒店才是。”

“喏，拉塞尔，你难道要把我们的旅店预订到垃圾堆里吗?”哈里叫嚷着。

最后，尽管拉塞尔非常不满意，我们还是劝说司机用了 2 分钟时间把大伙儿拉到了一家体面一些的酒店。麻烦的是，最后算下来一间房子要花 35 英镑，而且这家酒店只有两个家庭套房，每个房间可以睡 3 个人，另外他们还有一个单人间，7 个人就这样住下了。拉塞尔这个吝啬鬼本来希望找到一家更便宜的酒店，但是其他人早已累得像死狗一般，不希望再找其他便宜地方了。

“这样好了，”哈里说，他的反应真是快如闪电，“我乐意给两位姑娘当一回护花使者，睡在沙发上面。”

“我可不这样想，”钱特尔说，“哈里，你说得不错。不过，那样不就像是让狐狸负责保卫小母鸡吗？”她和史迪芙赶紧压低声音讨论了一会儿，然后，她们选择和我住同一个房间。“在男士们中间，伯纳德是我们两位姑娘唯一真正信得过的绅士。嗯，对不起迈克，你也不错，真是可惜，谁叫你老爱吞云吐雾呢。”

随后，哈里要求住单人间，因为他的房钱反正是拉塞尔替他掏腰包，而马丁、拉塞尔和迈克三个人最后一起住进了另外一间家庭套房。哈里很快找到了酒店的酒吧，但是只有他、马丁和两个女人还有力气再举杯畅饮。后来，尽管他们几个非要和我痛饮一回，可是考虑到假如我现在就进屋休息，等到他们醉意阑珊回到房间的时候，终究还得把我折磨得睡不着，因为他们几个已经铁了心，非得喝个一醉方休。就这样，整个夜晚就在这推杯换盏、觥筹交错之间慢慢消磨掉了。

房间里有人打了个哈欠，伸展着手臂，我也慢慢地别过头去。我听到一个人从床上起来的声音，这个人走到了窗户前面。一个黑暗的身形从阴影中走了出来，轻轻把窗帘拉开了一个尺把宽的缝隙，是史迪芙。她赤脚走到镜子前面，双手梳理着蓬乱的头发，然后走进了浴室。这时候，钱特尔仍然在继续着她那甜美的鼾声，几分钟之后，史迪芙穿上了浴袍，关上了窗帘，我感觉这时候我可以向她表达一个假装睡眼惺忪的问候。

“今天早晨脑子还有点昏昏沉沉的，”她一边说着，一边做出痛苦难耐的表情，“你睡得怎么样？”

“稍微有点儿头痛，脖子还有点儿僵硬，别的都还好，”我回答道，说着我在床上坐起身来。“可是，现在我打算吃点儿早餐了”。

“我想，咱们可能已经错过了早餐时间。”史迪芙说。

“我看咱们并没有错过。按照英国时间，现在才 7 点半，而拉脱维亚时间要早两个小时，也就是说现在应该是当地时间早晨 5 点 30 分。”

“不，如果拉脱维亚早两个小时，那么时间应该是 9 点半。假如现在才早晨 5 点半，那么外面的阳光也有点太亮了，不是吗?”史迪芙说话有板有眼，这说明她具有敏捷的思维能力，我今天可做不到这一点。

“哦。我想早餐结束的时间是 9 点。”

“那么，我们还是到外边去，凑合着买点早餐吃吧。”

终于轮到我使用浴室了，史迪芙正好在打理她的莫希干风格的头发。当我出来的时候，她已经用发胶把头发固定好了，从前额一直盘到脖子后面，挽成了一个鸡冠似的发髻。我披上了颜色鲜明的运动夹克和拷花皮鞋，史迪芙描上了紫红色的眼影。她迅速地拿起她那件小山羊皮夹克，然后低声向还在睡觉的钱特尔说了声“再见”。

我们从酒店出来，外面正是春满人间，到处暖洋洋的。远处传来教堂的钟声，我们钻进了古镇那种用鹅卵石铺成的巷子里。这里都是中世纪那种加高的街道，两旁的是不少有山形墙的、屋顶很大的房屋。不过，在街道尽头就有一个宽阔的广场，广场被电车轨道一分为二。在一个巨大的东正教教堂旁边，我们找到了一家面包房，买了一些非常便宜的黑醋栗果馅饼，我们坐在板凳上，边吃边聊，好多当地人都盯着我们看。我想，在他们眼里，一个脾气暴躁的笨蛋和一个绿头发的哥特式野蛮美女共享早餐是不是有点奇怪。

“那么，请你讲讲这个股票俱乐部的情况吧，”史迪芙说，“你们赚到大钱了吗?”

“没有。我不能说我们发了大财。我们常常聚在一起，谈谈大家在股票市场应该如何操作。有一半时间，我们行动迅速，做事果断，可是后来往往证明操作完全是错误的。在另一半时间里，我们做事情又过于婆婆妈妈，可是不巧的是，这回又大多是英明的决策。命运弄人，情况确实没有那么乐观。”

“是啊。”

“这么说，你自己也搞点儿投资吗，史迪芙?”

“不。我哪儿有那个闲钱。我现在其实是在一个建筑协会工作。我想股票市场有点像是一个赌场。”

“赌场这种说法可以解释为什么我们会把大部分筹码都给损失掉了。”我心情沉闷地回答。

2008年3月21日，星期五：滚吧，无轨电车！

上午11点。回到酒店，另外一场争端已经在酝酿中了，这回啤酒成了争论的焦点。这儿的饮料价格叫哈里相当恼火，这回拉塞尔又成了众矢之的。

“你曾经说过，啤酒一品脱才卖30便士，你这个卑鄙无耻的谎话篓子，”哈里说，“昨天晚上，我花了2.8拉脱维亚元才买到半品脱啤酒。这个价格相当于3英镑，简直是高得离谱。”

“我知道，我知道。我当时不也是按旅游手册上的介绍给大家讲的吗?”拉塞尔回答，“显然，啤酒价格已经上涨了一点儿。”

“一点儿!”马丁大叫道，“要是按照那个价钱，我原打算花钱多喝点儿啤酒，这会儿我的钱只够买原来的一个零头了”。

“在远离旅游者比较集中的酒吧，啤酒价格可能会便宜一些。”拉塞尔一边说，一边仔细地阅读他那不知翻阅过多少遍的《拉脱维亚旅游概要》。

“让我们也瞅一眼吧!”钱特尔说着，从他手里把这本书抢了过去。

“你全部的旅游资料才这么一点点?”她说，“这可真是一个该死的意外。这本书是1996年出版的！这就不奇怪了，手册上的价格早已过时了。”她把这本书举了起来，结果犹如天女散花一般，一块大大的书页从书里散落下来。

拉塞尔赶紧把地上的书页捡了起来，但是，史迪芙更是眼疾手快。当她把那些书页捧在手里的时候，她发现还有一张册页又掉了下来。“嗯，嗯。快看，我有了一个重大发现。”她让大家看到这本书里面夹着的一个广告招贴画。这幅画的正面是一个赤裸裸的女人，一面拉脱维亚的国旗被打了结，变成了一块遮羞布。拉塞尔伸手就要抢那个广告，但是史迪芙迅速把它从背后传到了钱特尔手里。

“拉塞尔，你这个卑鄙龌龊的大坏蛋，”钱特尔说，“大家都听听这上面说了些什么。‘在里加，这儿有单身男性单刀赴会的狂欢晚会。娇艳欲滴的女士正欲投怀送抱。洗桑拿，看脱衣舞表演，丰满诱人的舞伴，无拘无束的按摩……”

“啊，我的上帝，”她嗤嗤地傻笑，“她们甚至连上衣都没穿就在玩彩弹游戏！还有人在这上面画了一个小小的星号！”

拉塞尔又想要抢夺这张广告宣传画，但是钱特尔又把它抛回了史迪芙手里，史迪芙则把它高高地举过头顶。因为她的鞋后跟儿足有 4 英寸高，拉塞尔想够都够不着了。

“快点儿，你猜猜这到底是怎么回事？”拉塞尔嘀咕着。

“现在，我才知道为什么你们一个劲儿要来这儿了，”钱特尔说，“你们这些变态狂，你们是不是全都喜欢这种东西？”

“嗯，我可不是变态狂。”我赶紧插话，用了一种信誓旦旦的语气。

迈克也摇了摇头。

“我这不也是头一回听说吗！”哈里说，做出一副清白无辜的样子。

“但是，这可是你过去告诉我的。”马丁说。

哈里略显茫然地看着天空：“看在上帝的份儿上！你们为什么不能把嘴巴闭上一会儿？”

“偶尔乐呵乐呵也算不上什么大错儿，”拉塞尔说，“我们工作要拼命，我们玩儿也要拼命。生活本来就这么简单。”

“可是你工作起来也不卖命啊！”马丁说，“在没有人盯着你的时候，你还不是一样逃避干活儿，有时候甚至在别人看着你的时候，你还是想逃避干活儿。”

“你的预算是多少？”史迪芙说，“假如你仍然以 1996 年的价格水平计算，这次旅行的花费肯定要超过你的预算。”

“嗯，我不了解你们，但是我还有自己的计划。”迈克说着，手里拿出了一本更加现代的《孤独星球》导游手册朝大家挥舞着：“谁想跟我一起去参观一下侵略战争纪念馆？”迈克说，50 年前拉脱维亚曾经被外国军队占领。从 1941 年到 1945 年，外国占领军是纳粹德国，打那以后到 1991 年，外国占领军就是俄国佬了。钱特尔和史迪芙决定要跟他一块儿去，拉塞尔还有别的计划。

“对于我来说，这真是太令我失望了，”拉塞尔说，“那儿还有一个马达博物馆。那应该是一个很有意思的地方。哈里，你看怎么样?”

“我听人说过，这儿有一个人种学博物馆，”史迪芙说，“那个博物馆就在咱们现在所在的这条大街上。”

“什么是人种学博物馆？是不是那种具有民族特色的色情文学?”哈里问着，然后低声对我说：“我喜欢各种肤色的女孩子，甚至肤色发绿的女孩子我也喜欢。”他说着，把头转向了史迪芙。

“好了，人种学可能是极端苛刻的，它不仅需要武力对抗，而且经常要赤裸相向。”史迪芙说。“也就是说，它能够让我们看到人类未经雕琢的原始状态以及进化的历程。在我念大学学位的时候，我曾经做过这方面的研究。”

“她有点儿像是那种为了考试得高分而刻苦学习的女生。”钱特尔说。

“好吧，”哈里一边说着，一边欢喜地搓着双手，“我还真想见识见识赤裸裸的人是什么样子。”

拉塞尔对他翘起了大拇哥，他们两个人都探询似的看着我。我点头表示同意。我只是希望到那儿品尝一下他们的失望情绪。

2008 年 3 月 21 日，星期五：小木屋里的工作

下午 4 点。我们一行人回到了旅馆。哈里和拉塞尔感到自己受到了欺骗。我们坐了一趟有轨电车，又坐了两趟无轨电车，想快点儿赶到人种学博物馆。可惜，我们连着两次都坐错车。最后我们总算找到了那个人种学博物馆。它就掩映在一大片树林里，旁边有一个大湖。显然，人种学根本就不是哈里和拉塞尔想象中的那个样子。

“这里怎么只有一些小木屋啊?”哈里说道，“我原以为，我们来到这儿参观可不是为了看到这么大一堆的老修鞋匠。”

“你必须承认，纪念馆还是相当令人愉快的，我们看到了各种各

样的木屋，也看到了这个国家丰富多彩的建筑文化遗产。”我说。

“伯纳德，你对这种学问一定是门儿清了，对吧?”拉塞尔说。“你说说这个人种学到底研究的是什么东西，好吗?”

“我只知道，它是研究社会文化与社会关系的学问，这么说你可能会感觉失望。恐怕她已经把你们两个当猴儿耍了。”

2008年3月22日，星期六：迪斯科皇后

回忆是模糊的。四个酒吧，一家俄罗斯人的饭店，更多的酒吧。许多杯黑啤，然后是威士忌，最后是伏特加。我的天哪！我记得我们是在一个迪厅里面。我不知道我们是怎么到那儿的。我们大多数人都在靠着桌子打盹儿。马丁的意识都模糊了，他的身体向前一耷拉，脑袋就侧趴在桌子上面了。迈克已经回到了酒店。拉塞尔走起路来摇摇晃晃的，他那件最好的衬衫和夹克上面撒了一整碗的甜菜根肉汤，上面留下了红红的污渍，现在还是湿漉漉的。我也记不得是怎么回事了，不过，看上去他好像中弹挂彩了。这种情况延误了我们进入夜总会的时间，因为看门的保镖死活不依，硬是要把他弄到距离此处最近的一家医院。只有两个女孩子还有点儿活力。史迪芙和钱特尔跟两个醉醺醺的俄罗斯生意人一起跳舞，一跳就是一个钟头。

当史迪芙从洗手间里出来的时候，只有我和呼呼大睡的马丁留了下来。

“看来，这会儿这里就只剩下咱们两个人啦?”史迪芙说。

“喏，这儿还有一位呢。”我一边说着，一边指着正在睡觉的马丁。

“俩人合伙儿，成双入对；三人成堆儿，负债累累。”

“想不想最后再跳一支舞?”她问。

“我不会跳舞。反正，1905年以后的任何舞曲我都跳不了。”

“两条腿的人哪有不会跳舞的理儿。”她一边说着，一边拉着我站了起来。刹那间，音乐开始换成一支慢步舞曲，我有点儿勉强地用手臂抱住了她。由于她穿着高跟儿皮鞋，所以我们两个人的身高完全在同一海拔高度上。她目光敏锐，一双湛蓝色的眼睛火辣辣的，

她的屁股靠着我的身体缓缓地转动着，这种如醉如痴的表情叫我浮想联翩，心里确实像有个小兔子似的蠢蠢欲动起来，本来我实在不该有这些幻想。

“这么说，那两个俄罗斯商人走了，你感觉有些扫兴吧？”我问。

“真的不要紧。”她说，“刚才他们是三缺一，我只是看在钱特尔的面子上跟他们凑合着玩了一会儿。那两个人显然是已婚的男人，只是他们还想打打野鸡什么的。”她停下话头，正视着我，“对于这种事情，我也不能一概反对。”

太出人意料了！我的脑海里涌现了各种各样的可能性，诧异之余，我踩到了史迪芙的脚。她身子侧歪了一下，倒在了地下，我意识到她的一只鞋跟儿已经断了。

“噢，实在抱歉，”我说，“还是让我拉你一把吧。”

我把她搀扶起来，在桌子旁边坐下。她那只断了跟的皮鞋派上了用场，她用这只皮鞋轻轻地敲打马丁的头。“快醒醒，快起来。该回家了。”

不管如何，我们三个人从酒吧出来的时候都已经是步履蹒跚。我们打了一辆出租车，然后回到了酒店。我们搀扶着马丁爬了两层楼梯，进了他的房间，然后把他重重地抛到了床上，这时候拉塞尔和迈克也被我们弄醒了。我们两个又爬了一层楼梯，走到我们那个房间的门口，我们听到钱特尔在房间里面来回踱步的声音。我摸索着钥匙，但是史迪芙扯住了我的手。

“先别开门。”她说。

她猛然把我紧紧抱在怀里，然后她的双唇粘在了我的嘴唇上。这一吻是如此之热烈，潮湿且有力，我不得不抓住门框以便寻求支撑。

“我实在醉得太……太厉害了，”史迪芙嘴上这么说着，“不过，我实在是太喜欢你了。我一向喜欢年龄比我大的男人。尽管透过伏特加的酒劲儿，我仍然可以判断在咱们这个旅行团里只有你表现出了优雅庄重的气质，够得上真正的男人。”

“你这么说真是过奖了。”我回答道。

“你知道，我醉得厉害，假如现在没有钱特尔在房间里面，或许我真的会把你拖进来，把你全身的衣服都脱个精光。我想咱们两个都有此意，虽然这可绝对不是个好想法。”

“嗯，我也不敢确定……”我嘴上说着，心里正在拼命琢磨着怎样才能把钱特尔从房间里撵出去。我到底是应该好言相劝让她离开，还是硬碰硬地把她推出房间，或者运用意念大挪移的魔法？这时，我们又来了一个吻，这一吻甚至比刚才那一吻还要火热。

“我想说的是，你是个有家室的男人，”她一边低声说话，一边在我的脖子上轻轻地吮啄着，“还有，或许你一直以来……都非常忠实于你老婆，她是那样痴情地爱着你……即便我从来没有见过她……况且我对于你也谈不上真正的了解。”

“那好吧，史迪芙，这真让我惊喜交集。”我嘴上说着，眼睛却看到她那丰满的乳房正紧紧地压在我的衬衣上。

“另外还有件事儿，”她说，“到了明天早晨，我可以把这一切归咎于酒后失态。不过，现在我想我得马上到浴室洗个澡，因为我感觉自己要恶心死了。”

“不幸的是，”我一边说着，一边动手开了房门，“我给大多数女人留下的影响或许就是恶心了。即便她们清醒的时候，也会说恶心的。”

2008年3月23日，星期日：次日早晨

昨天晚上这场宿醉叫人头皮发麻，酒精的麻痹把记忆弄得颠三倒四的。不过，当我把这些点滴回忆拼接起来的时候，心头还是夹杂着一丝甜蜜。我一个人在公园里吃了点儿早餐，走在里加的街道上，天气和暖，微风拂面。准确地说，我并没有看到史迪芙的影子，直到半上午我回到酒店的时候才见到了她。她有些羞怯地向我微笑了一下，然后她把我拉到了一边。

“非常抱歉，昨晚我有点儿出格，”她说，“喝醉的时候我有点儿恶作剧。我真希望你没有被吓坏才好。”

“我没有任何抱怨。一点儿也不抱怨你。我会珍藏这段记忆的。”

“这是你谨言慎行的一面，我说得没错儿吧？这是非常重要的。”

“绝对是这样的，这是我们的秘密。”

我看到大家正坐在酒店的阳光室里聊天，似乎他们在这个世界

上活得无忧无虑。钱特尔还像平日一样兴高采烈，她非常欣赏我从市场上给她买的一束玫瑰花，有粉红色的，也有黄色的，我想给她带来一些欢乐。

“你真有绅士风度。”她说。

“其实鲜花价格非常便宜。”我说着，感觉脸上有点儿发烧。

“礼轻情意重，不是吗?”她说着，眼睛却盯着哈里，“而那个真正惹人家生气的冤家却连一句道歉的话都没有。”

后来，哈里确实勉勉强强地向她道了个歉，但是他对另外一件事则相当感兴趣。

“你知道吗？今天我又偶然遇到了你的俄罗斯朋友们，我们还谈了一点儿生意。”

“啊，真的吗?”钱特尔说，“我想找到他们吸引异性的秘诀。那是你从来没有、也从来不会做的。”

“真是够有趣，够好玩儿的呀。”哈里把手伸到了桌子的另一边。他手里面拿着一把钻石形状的蓝色药丸。

“我看这好像是伟哥。”马丁说。

“嗯，这可不是鲍勃·马丁药店里卖的那种药丸，小伙子，”哈里说道，“我早就准备买一些了。现在，这种药在这儿的售价是 5 英镑 20 片。假如你在英国买这种药的话，售价高达 5 英镑一片。”

“你怎么知道他们卖的就一定是真货?”迈克说道，狠狠地抽了一口雪茄，“这些药丸很可能是假冒的。”

“嗯，我又不是傻瓜，”哈里说，脸上挂着笑容，“事先，我已经为此做好了准备……”

“不，我根本享受不了那玩意儿，史迪芙也享受不了，”钱特尔说，“反正大家没空儿买你正想要的东西。”

“别那么紧张好不好，亲爱的。昨天晚上我已经吃了一丸，做了个试验，自娱自乐的独角戏。”

“这么说，原来昨天晚上你还真是做成了一笔生意?”钱特尔说。

“那是当然。我现在才真正懂得这种药丸的宣传所言不虚，你们大家过去还老以为这种药丸是避孕药。当我和那两个俄罗斯人在酒吧喝酒的时候，说起了这种药丸，于是他们就免费赠送了我一丸当作样品。”

"这么说，你的生意已经成交了，你现在打算怎么办?"史迪芙问。

"嗯，这个小本生意确实还算不错，不是吗?他们通过邮局把货物邮寄给我，我建立一个网站，服务器主机就建立在这个国家，但是网页内容全部用英语写好。没有税收问题，听起来也是合法的进出口生意。"他轻轻地弹着自己的鼻子。

钱特尔向史迪芙解释说，哈里的那些商业理念向来都是让人耳目一新的。她说："再给史迪芙说说摩托车方面的事情。"于是，哈里骄傲地讲述了一件事情。2007 年 1 月，德文郡有一条货轮搁浅了，他迅速赶到现场，从轮船上打捞出来一个板条箱子，箱子里面有两台宝马摩托车的组装配件仍然完好无损。他把这些东西卖了，获利相当丰厚。接着，他又讲了一件事情。他帮助马丁在保加利亚开了一家作坊，专门给葡萄酒瓶子重新贴上名酒的标签。他们把豪华饭店垃圾筒里的废旧波尔多葡萄酒的空瓶子偷偷弄出来，重新装上廉价的红酒，重新盖上瓶塞，标上至少 10 年陈酿的标签，然后到市面上出售。

"那生意确实为我多赚了几英镑，以满足偿还贷款的需要，"马丁补充说，"而且做这种假酒生意根本谈不上偷漏什么苛捐杂税。"

哈里伸展了一下他的手臂，重新扶了扶他的太阳镜，挪动了一下椅子的位置，以便沐浴那落日的余晖。"是的，我真的无怨无悔。我那些小小的副业一直做得很好，当然股票投资是个例外。股票简直是一个灾难。"

"这份收入已经相当可观了，哈里。"史迪芙说。

"是啊，嗯，确实挣钱了。"他说。

由于某种原因，钱特尔绝对像她中了头彩那样喜气洋洋，"哈里，你知道，我非常高兴。你不是那种害羞内向、朴实无华而又喜欢离群索居的人。你喜欢谈论自己的事情，但是你从来不问别人任何问题。你知道史迪芙是吃哪碗饭的吗?"

"我大概听她说过，她是一个政府机关的公务员。"

"我的确是政府机关的公务员，我的工作单位是英国皇家税务与海关总署。"她平静地说道。听完这句话，如旱地惊雷一般，整整一分钟，大家的下巴都被惊得合不上了。

看来哈里是懊恼死了，说起话来也有点儿夹枪带棒的："我过去一点儿也不知道在政府机关工作的居然还有素质这么高的性感女人。好吧，史迪芙，请不要向任何上级官员告发我，好吗？我们可不想让那些税务督察员整天在我背后把我盯得心头直发凉，是吧，呃？"他轻轻地敲打着鼻子的一侧。

"哈里，本人就是一位高级税务督察，专门负责重特大案件的侦查调研工作。"史迪芙说。"光是去年一年经我手追缴罚没的市场黑钱就有 1 400 万英镑之多，涉案金额高居全国前三甲，我调查案件的方法就是通过便衣卧底侦察。"

"钱特尔，你这个小母牛。你是故意这么说的，是吗？"哈里说，"你想哄骗我上钩进行钓鱼执法是吧！"

"瞧瞧，看把你吓的，"史迪芙笑道，"我现在正在休假，对吧？所以，我现在还不能处理这些公务。其实，这也不是我们税务部门的事情。但是，君子爱财，取之有道。具体到这件案子，这个生意应该这样做才对。如果你希望进口伟哥到英国，还是请你走官方的正式进口渠道。至于其他小生意，你回国以后，请你寄一封信给当地的税务机关，完整地披露你没有依法纳税的收入金额。谅你是初犯，如果你投案自首，兴许他们会对你法外开恩、从宽处理的。"

哈里看样子非常生气，他两手交叉，沉默不语。

"哈里，高兴一点儿好吗？"史迪芙说，"你知道，我们税务官员也是人，有血有肉的人。而且，我们其实有时候也确实需要一点儿爱。"

这时候，她狡黠地向我微微眨了眨眼。

回到了斯坦斯特德机场，4 天以来我们第一次清醒起来。我们在机场旋转式行李传送带旁边等待着，心里像是打翻了五味瓶。拉塞尔感觉很忧郁，导致他情绪低落的主要原因是哈里强迫他付了行李小费，还有酒店又提高了价格档次，这意味着他这次行程安排上已经没有盈利可言了。马丁正在陪护那个烂醉如泥的大个子哈里，在夜总会玩的那天晚上哈里的钱包连同里面剩下的 60 英镑也莫名其妙地不见了。迈克的行李箱里装了大量的廉价雪茄烟，他是我们几个人当中最快乐的人。他甚至希望在体验拉脱维亚全部文化的同时还能留下很好的回忆。钱特尔后来也原谅了哈里吹牛不报税的蠢话。

在史迪芙暴露了高级税务督察的身份之后，哈里和马丁一直把她当作一个有核能辐射的人。

“这就是我不肯告诉任何人我在做什么工作的原因。”她向我承认，“人们对于税务局工作人员普遍有一种偏见，在我们这个政治导向的世界里，只有这种偏见仍然非常强烈。我勤奋工作，目的是为我们国家的学校和医院提供充足的财政资金，但是你们却认为我是在偷偷摸摸地搜刮民脂民膏，人们就是这样看待我的工作的。”

“哎呀，哪能呢？我从不认为英国皇家税务与海关总署是这样的。”我说，“如果你认为应该详细调查一下我的纳税事务，我倒是非常乐于合作。”

当我们互致道别的时候，突然有一个令人诅咒的声音打断了我们。哈里正费力地从旋转行李传送带上拿下一个破损的板条箱子，箱子湿漉漉的，里面的液体滴滴答答地往下流，玻璃碎片也掉落下来。原来，箱子里是他原本打算兜卖给亲戚朋友的廉价伏特加酒。总而言之，我们在拉脱维亚的开销远远超出了预算，喝的酒也远远超出了我们的预期，但是，大家收获的快乐也很多。对于我来说，我必须把这个最为特别的记忆留在心底：一位高级税务督察那饱含激情的双唇。

第12章
真理的碎片

2008 年 3 月 25 日，星期二：咨询电话没人搭理

彼得打来电话，告诉我警方对追踪迪哥比的电脑操作情况并不感兴趣。迪哥比下载了“键盘跟踪记录器”病毒，而这种病毒把他的银行账户洗劫一空。当地主管网络的督察员的非正式建议是，请他不要告诉银行说在这个家庭之外还有任何人曾经使用过这台电脑，即便是这种使用经过电脑主人授权也不要报告。彼得又与网络打假分队取得联系，那儿的警官说“对于他们来说，调查这类网络犯罪活动完全是浪费时间”。可是，彼得承认，他已经通知了他的银行，并且确认，银行的政策是在保证使用电脑的人只有家庭成员的前提下客户才可以获得银行的赔偿。另外，他们坚持认为我没有能够监督迪哥比使用电脑这件事情将被作为一种“缺乏合理的注意”的情况来处理。

午前茶点：尤妮斯早早就从威特罗思高档连锁超市回来了，我几乎在犯罪现场被她抓了个现行。当时，我正在吃吉百利的复活节巧克力彩蛋。不过，她听到的小道消息让她非常兴奋，因此她几乎没有注意到我鬼鬼祟祟地狼吞虎咽了什么东西。在“公平贸易”咖啡厅的过道里，她碰到了达芙妮，达芙妮听杰拉尔丁说，彼得的银行账户遭受的损失超过了 48 000 英镑。好悲惨！这个金额远远超过了我担心的数量。

2008 年 3 月 26 日，星期三：投资建议众说纷纭

股票价格正在恢复性反弹中，有关应该购买什么股票的争论也开始日渐热络起来。钱特尔希望购买更多矿业公司的股票，沙马对于银行股情有独钟，马丁则希望购买商业地产类股票。我的建议是应该买进食品饮料类公司的股票。可是，股票俱乐部的资金现在只有 1 750 英镑，这其中还包括哈里的 100 英镑，这可是他从他老婆的

家庭护理费中拿出来的钱。

2008 年 3 月 27 日，星期四：母与子

这真是糟糕的一天！我开着车在大雨滂沱的 M25 公路上逶迤前行，准备到艾尔沃斯看望老妈，并遵命带她远赴莫里森高级百货商店帮她购物。我的汽车仪表板上放着蓝色的优先停车证，可是所有残障人士停车位都被文身的年轻人占据了，他们开的是沃克斯霍尔·阿斯特拉斯牌[①]汽车，当时正在附近购买香烟和啤酒。我气得怒发冲冠，把车停在了最后一个亲子停车位上面，比起下一个可以得到的空位，停在这儿可以让我少走 5 分钟的路。当我把多蒂从汽车里搀扶出来时，一辆车从后面赶到了。车上大概坐了六七个叽叽喳喳的孩子，嘴边还残留着融化了的巧克力圆圈。他们一边踢打玩闹，一边乱哄哄地尖叫着。一个面色红润的胖女人出现了，她非常生气。

"哎哟！那个停车位是专门给带孩子的车辆预备的。"她怒吼着，声音超过了她那些顽皮孩子们的哭叫声。

"没关系。这是我的老妈。我是她的孩子呀。"

"这车位是专门为妈妈和初学走路的小孩子准备的，"她一边说着，一边颤颤巍巍地从车上走了下来，"可是，你却根本不是一个学步儿童。你是个成年人。"

"好你个臭三八，我老妈才是一个步履蹒跚、不能走路的人。她走起来颤颤巍巍的，比小孩走得还要慢，而且要比你那一群乱哄哄的没有规矩的长臂猿和狒狒更需要帮助。我猜想他们可以直接打着秋千翻着跟头儿进超市，连地都不用沾。"

没有无谓的废话，那个妇女索性狠狠地朝我的膝盖骨上踢了一脚。"现在，你可以蹒跚着滚开了。"她叽里咕噜地抱怨着，这时我痛苦地倒在了地上。然后，她冷静地坐回她的汽车里面，漫不经心地教管了几个车上的孩子，然后把车开走了。

这情景不禁让我目瞪口呆，没有来得及做出反应。直到我和多蒂蹒跚着走进商店里面的咖啡厅，喝了一杯茶，吃了一个丹麦面

---

① Vauxhall Astras，汽车品牌名称，主要为警察配备。——译者注

饼后，我才慢慢冷静下来。15 分钟后，我仍然一瘸一拐的，我的膝盖疼得很厉害，我都准备向超市投诉这件尴尬的事情了。攻击我的那个女人（很容易通过她孩子们的哭声来追踪到她）当时正在冷冻食品区，所以多蒂和我就进了超市的其他区域开始购物。我还在密切注视着我的敌人，多蒂就像电影中的慢动作一样推着购物车横冲直撞。车上已经搁上了 10 袋 2 磅重的面粉，5 袋 2 磅重的糖，3 盘鸡蛋，20 罐炼乳，4 大袋卫生间卷纸，还有 10 袋切片白面包。

"妈妈，难道你要为皇家盎格鲁军团准备惊喜晚会或者什么庆祝活动吗?"

"那是什么东西，伯纳德?"她一边说话，一边奋力拎起一大袋只有公共食堂才会使用的大米。

"为什么你要购买这么多食物呢? 你平常吃的粮食还不够一只小昆虫活命的呢。"

"马上要有一场饥荒了，伯纳德。《每日快报》上都报道了。面粉、面包，什么食物都严重匮乏。食物价格全都在飞涨，所以我当时原以为我的食物已经够了。我估计，我们在圣诞节时就要恢复定量配给凭票供应的制度了。"

"但是妈妈，你为什么要买大米呢? 你从来不吃什么大米，吃也只吃精装的罐装大米呀。难道你准备开一家专营咖喱米饭的餐馆吗?"

"不是。我只是害怕到了下周我就买不到了。"

"但是，如果你根本不吃大米，那你买大米又有什么用?"

"做互换交易用。我的意思是，看看非洲的津巴布韦，它有的是钱，可是它的钱一文不值。如果我把所有的东西都吃完了，那么，我还可以卖出我的大米，或者用一卷卫生纸换别人的一罐肉片甚至某种沙丁鱼罐头。现在大米要比我的储蓄更能保值，不是吗?"

突然间，我意识到老妈根本不是个老傻帽儿。她有自己那种缝缝补补的将就办法，她正在为易货贸易的经济社会做准备。这让我想到了一个主意，可以让她最终放弃一部分遗产。

2008 年 3 月 29 日，星期六：生物汽油的发明创造

到了母亲家，我满脑子想着怎样才能让她把股票资产赏赐一些给我，然后过户到我的名下。可是，我刚一坐下，喝上一杯茶，吃着一条企鹅牌巧克力，多蒂就从厨房里把一个沉重的拉杆箱拖了出来。我看到箱子里至少有 20 罐的莫里森商场自有品牌的甜玉米。

“就是这了，伯纳德。这是我给你的一部分生日礼物。”

“嗯，你真是太好了!”我说，一边回想着，今天她的思维真是扑朔迷离，莫名其妙。“实际上我不太喜欢甜玉米，不过尤妮斯肯定非常偏爱她那种五色蔬菜水果的配餐。”

“啊，这其实并不是让人吃的。这是给汽车准备的“食物”。我知道现在汽油价格很贵，如果你的汽车能够用上这种东西，你就可以节省很多钱了。”

“沃尔沃汽车根本用不了甜玉米，妈。这汽车必须使用汽油才行。你知道，必须从加油站加油。”啊，上帝！这回她实在是太没有脑子了。

“伯纳德，在美国，人们开车用的就是甜玉米。英国广播公司的新闻里就是这么说的。”她说，似乎这件事情已经没有任何讨价还价的余地。“所有农民都在种植甜玉米，这种玉米用于生产燃料汽油。这种情况现在是如火如荼啊。”

“妈，他们利用玉米制造乙醇，这是一种汽油添加剂。你不能直接把它加进油箱里去，事情并不像你想象的那样简单。”

“那么他们加的难道是玉米面？就像肉汤一样，只不过是这种玉米面还要用汽油熬好才行啦?”

“嗯，这还差不离。”我已经不想再继续解释了，我开始谈论投资的话题。我在上周购物之旅中已经意识到，多蒂或许已经通过新闻媒体知道整个世界正在闹粮荒。她也在囤积面粉和大米，这说明这个话题是她能够理解和接受的。于是，我就建议她应该把她资金中的 50 000 英镑取出来，和我共同成立一个联合投资账户，我们可以利用在这种大宗商品方面的投资来打败通货膨胀。

“但是，我们得把这些商品存放在哪儿呢，伯纳德？这个棚子几

乎都塞满了，地窖里面也全都塞满了老古董。”

“不，妈，我们要做的是投资大宗商品基金。这些基金在重要的大宗农产品方面持有仓位，它们负责储存那些商品，但是我们的基金份额表明我们拥有商品的数量。”

“我希望他们还是要小心谨慎一些才好。你老爸杰弗里从一个游手好闲之辈那儿购买了一箱子腌牛肉罐头，回到家里才发现所有的罐头盖子都已经被砸瘪了。还有，那种干燥过的鸡蛋，你也必须小心防潮才能放得住。”

“我一定会让他们明白这些储存知识的。”我温柔地安慰她说，几乎不能掩饰我的兴奋之情，这回，我终于摸着了门道。“现在，你所要做的就是找到妇联的玛丽，请她帮你卖出……”

“我并不打算卖出我的股票，”多蒂说，“玛丽会为此感到失望的。她一直在帮助我，她并不喜欢你。”

这种感觉是相互的，我也不喜欢她。我真想掐死这个碍手碍脚、说三道四的老太婆，因为她在我如此接近成功的时候让我一败涂地。我痛苦地双手抱头，多蒂径自向厨房里走去了。厨房里发出了碗碟碰撞的声音，所以我走了进去。我看到她从水槽下面拖出了一箱子陈旧的灰尘满满的保卫尔牌牛肉汁。她还从下面掏出了一箱子蜡烛，一对灯火管制时期使用的窗帘，还有几卷遮蔽胶带。然后她提起了一个古老的福克斯牌饼干盒子，上面的标签上写着“螺母与螺栓”。我帮她把它拿出来。这盒子实在是太沉了，里面一定是装满了金属零部件。

“妈，这里头是什么东西?”

“啊，里面只有几个旧硬币，德国芬尼铜币[①]，希腊德拉克马银币还有西班牙比塞塔银币，这是你老爸生前收藏的东西。我上周从地窖里面把这个包给弄了出来。我原想，我们可以把这些钱也放到你的定额基金里面。”

“嗯，其中大多数硬币现在已经不是法定货币了，不能用于支付现金。要是每个硬币的价钱能够卖到 50 便士就好了，只要卖到这个价格，这堆硬币就值 5 万英镑呢。”我把这个盖子撬开了。里面有安

① Pfennig，德国铜币，一马克的百分之一。——译者注

全别针，领带别针，男子衬衫袖的链扣，还有许多古代的小零钱，包括3便士银币，甚至还有一张10先令的钞票。不过，最占地方的是一个硬纸箱，箱子外边用丝带捆扎着。里面有大约100个硬币，每个都用卫生纸包裹着。我打开其中一个，我彻底惊呆了。这硬币是黄金的，纹饰的一边是一个枫叶图案，另一边则是伊丽莎白女王的头像。最为重要的是，硬币上面还写着“足金一盎司”。随后，我逐个儿打开每个包裹。我一句话也说不出来了。

“那是古老的加拿大货币，是吧?”多蒂说，“看上去就像圣诞树上的巧克力硬币。它还值钱吗?”

“当然值钱！如果每个硬币含有一盎司黄金，那总价值就接近100 000美元了。你过去知道这些硬币的事情吗?”

“嗯，我知道你老爸在石油危机的时候购买了一些黄金，但我并不知道他拿这有什么用。他刚刚买下时就开始抱怨，随后它的价值就缩水了一半。”

“不过，我敢肯定，对于我们的商品‘定额基金’来说，这是一个完美的开端。”

2008年3月31日，星期一：霍恩比公司的业绩预警

亚洲供应商的延期供货以及英国市场需求的疲软沉重地打击了我持有的霍恩比玩具公司股票，把它的股价打压到了200便士以下。不过，我已无暇顾及。我要赶紧填好申请表格，和我母亲建立一个联合的股票交易账户。在霍恩比玩具的抽屉里，现在放着一个盒子，里面有100枚金币，标准纯度价值大约为47 000英镑。太好了！

第13章 基金取名有道

2008年4月1日，星期二：愚人的黄金

今天是我的65岁生日，现在我终于过上了富裕的生活。我那精神失常的老妈，长期都对我封锁消息不让我知道遗产继承的情况，现在她已经允许我拿走100枚加拿大枫叶金币。要不是我们在一个盒子里找到这些金币，它们现在依然不过是一些毫无价值的外国硬币。将这些金币转入再投资是件好事，进行大宗商品投资也符合她的愿望。她心里其实想买的是大堆大堆的猪肉罐头、保维尔牛肉汤、蛋黄粉、帕西尔麦片以及比罗面粉。可是，我现在心里却在想买些棕榈油期货、黄金矿业股票、还有拉塞尔推荐的乌克兰股票精选品种——Landkom。今天我要把这些金币带到金融城，请专家做个品质鉴定。这件事情让我欣喜若狂，以至于早晨7点，我把猫放进屋来，给它喂过食之后，我又回到床边，开始对我那个仍在打盹的老婆说，我现在有能力立即、而且不附加任何先决条件地参加庆祝生日的河马撩逗行动。尤妮斯掀起了她的眼罩，半信半疑地看了看钟表，然后从床上坐起来，开始拿掉她头发上的卷发夹子。

“你在茶叶里放了什么兴奋剂了吗，伯纳德?”她问。

“不，我只管快活就好。太阳当空照，鸟儿喳喳叫，整个世界全都变得好奇妙。”

“你快说说，谁的税前收入已经远远超过民众预期了呢?”

“不知道，我甚至连电脑还没有开呢。”

“首相已经辞职了吗?”

“我猜，他可不愿意辞职。”

“我敢打赌，你肯定从哈里那儿借过一些蓝色的快活药片，你这个坏小子!”她猛地抓住我的浴袍，把两片前襟都给扯开了。

还是老样子，这回耽搁的时间虽然比平时还要短了一些，不过，例行公事的夫妻生活还是活泼而圆满地闭幕了。这回受伤情况比较轻微：我的后腰只是稍微有点儿疼痛，尤妮斯左屁股上那根坐骨神经时不时会有点儿痛。正如如今经常发生的情况一样，房事结束的时候茶水都还没有凉。

午前茶点：10点过后，我到了金店。他们表示欢迎，然后引导我走进了一个房间。这里有一个女子，她打消了我在网上搜索相关信息的时候心里存有的那种疑虑，她确认这些金币正是皇家加拿大铸币厂原厂制造的上好金币。他们收购的价格为457英镑，这要比网站上面479英镑的报价还要略低一些。不过，这倒没有多大关系。这匹马原来就是别人赠送的，我才没有什么心思仔细察看一下马匹的牙口到底怎么样呢。我得好好犒劳一下自己，我买了一个索顿公司出产的深色巧克力复活节彩蛋，商场打半价。在坐火车回家的路上我把它一口吞了下去，一群喧闹的小学生嫉妒地看着我。

2008年4月7日，星期一：报复能多洁公司

现在有了好几万英镑的净收益进了我的银行账户，我决定要疯狂买进。第一站，在1 000股能多洁公司股票上面我做了一个牛市看跌期权套利，价格为95便士。尤妮斯那本讨厌的书，那是我为她订购的情人节礼物，现在仍然没有送到。我猜是城联快递公司把它给遗失了或者把它重新邮回了出版社。我跟公司的客户服务部联系，没有任何进展。客户服务部不为客户服务，这个部门的名称当然是名不副实的。似乎我最好的报仇手段就是让其母公司的股票价格下跌。自从上次在马莎百货公司股票上面卖空操作惨败后，这是我第一次使用我的牛市看跌期权套利账户，但是股票市场上肯定会有某些别的定价过高的备选股票，人们的价格预期超过了股票的现实价格。关键仅仅在于如何找到这些股票。我的沉思被打断了，因为尤妮斯进来了，手里捏着一份《独立报》。

"确实连仓鼠见了都会害怕得直往后退。"她说话显得有些高深莫测。

"我一点儿也不奇怪，因为这份报纸原来就放在仓鼠笼子的底板上面，现在报纸被老鼠彻底撕碎了。"我回答。

"5，7，空格，空格，Q，空格，空格。"她一边说着，一边斜眼瞥了一眼这份报纸。

"这是这份报纸独具特色不落俗套的头版头条呢，还是你要努力破解的字谜游戏?"

"这是个难以破解的纵横填字谜游戏，伯纳德。厄姆格德已经提供了许多解谜线索，她把这个字谜留给了我，让我完成这个艰巨的任务。"

"瞧瞧，你还不知道吗，我根本不会做字谜游戏。"我一边说话，一边转身开始看电脑屏幕。

"冤家，你这到底是什么意思？人生本身就是一个长长的猜谜游戏，你完全没有给我们这些你身边的人提供过任何有意义的线索。"撂下了这句以偏概全的气话，她昂首挺胸地走出去了。

2008年4月8日，星期二：花钱买进的狂欢

做大宗商品交易需要自上而下地进行经济形势分析，这已经使我的眼睛招架不住了。我已经做出判断，石油供应短缺是最大的概率事件，原油是最可靠的大宗商品。所以，我买进了1 000股英国石油公司的股票，价格为535便士，外加1 000股英国天然气集团的股票，价格为1 280便士。至于金属，我选择了买进500股必和必拓的股票，现在它的价格已经上涨到了16.66英镑。我还判断，食品行业的龙头企业一定拥有强大的议价涨价能力，因此我又购买了1 000股联合利华公司的股票，价格为17.10英镑。这样一来，我就可以告诉多蒂说，我们已经把市场上的好菜都炖在砂锅里了，保维尔牛肉汤和德国的帕西尔洗涤剂已经为重新回到她早已预言了的第二次世界大战期间的定量配给制度做好了准备。

2008年4月9日，星期三：股友会员独享

我来到股票俱乐部，精神百倍，因为我已经投资了老妈的大宗商品现金，我主动提出要为所有俱乐部成员买一圈酒。可是，那种廉价裤子发出的劈里啪啦声从我身边快速经过，这表明第一个来到

酒吧的不是别人，正是拉塞尔。这个常驻钟声酒吧的约克郡人居然厚颜无耻地要求喝上一杯3倍的拿破仑酒。不过，钱特尔正在提供服务，她可绝对不是个傻瓜。

“拉塞尔，请你交6.90英镑。”她声音洪亮地说。

“少废话！这回伯纳德买单。我听他刚才说过这话。”

“拉塞尔，仅——供——股——友。”她一字一顿地说，每个字从她那描着黑色唇线的嘴唇里一个一个地蹦了出来，“你可是从来也没有加入过我们的股友会。”

“哎哟，别那样，小宝贝，我跟加入也差不多了。你看看，我提供了那么多的股票内幕消息和规避建议，我为你们做出的贡献可不小哇！”拉塞尔说。

“你的建议全是多余的，全被大伙儿扔进了垃圾堆。”马丁说到。

“你们这群死心眼儿的糊涂蛋。看在上帝的份儿上，我完全应该享有荣誉会员的尊崇礼遇。”拉塞尔一肚子抱怨。

“爽快点儿，6.90英镑，快点交钱，”钱特尔说，“人家都在等着呢。”

“好吧，这么说我还是来点儿酸橙加苏打水好了。”他嘟嘟囔囔地说着，摸索着从口袋里掏出一张脏兮兮的20便士的钞票。

钱特尔把白兰地酒杯放到了吧台的后面，然后往里倒了一些酸橙加苏打水。“这么一来，这总共是7.90英镑。”

“不过，我现在已经不要白兰地了呀！”拉塞尔尖叫着。

“可是我已经倒好了呀。我总不能把它倒回（酒馆中罩在酒瓶上的）量杯里边吧？现在你把它给咳嗽出来吧，否则我们就把你拒之于门外！”

“一杯酸橙加苏打水就要该死的1英镑，这不是抢劫吗？”拉塞尔呻吟着。我们大家都看着，他从后面口袋里摸索着，然后抽出一张极其污秽的钞票，我们老是看到这一张。

“抱歉。请不要老像个苏格兰小气鬼那样，”钱特尔说，“家有家法，店有店规”。

“这可是合法的钱，你这哥特式小妖精可真够吓人的！”

钱特尔的反应是从那杯白兰地酒里喝了一大口。“干杯，拉塞尔。你如果再要无礼，我就把它喝光了。”

拉塞尔喃喃自语，欲鸣不平，他从口袋里掏出了一个旧钱包，这钱包是用包装胶带粘在一起的，上面还连着一条链子，拴在他那件“乔氏磨料有限公司”的工作服夹克上面。我们大家从来没有见到过，而且实际上也永远不会再见到它了。他喝下了他的一杯半饮料，然后昂首挺胸地走出去，进了酒吧前面的大堂。

这时，沙马正在鼓动我们看看银行股票。“每有一个坏消息，它们的价格就打一回折扣。”他说。“你们看看，苏格兰皇家银行。每股 3.70 便士，收益为 8.9%！快点儿，伯纳德，现在你已经赚钱了，给俱乐部多投入点儿钱怎么样？这将是一个非常好的逆向操作。”

哈里说：“沙马，我能不能只说 6 个字？”

“我知道你要说什么，诺森罗克银行，”沙马叹息，“可是，市场底部早晚会被寻找到的，只有当你错过了机会你才知道这是机会。你必须了解的是基本面的情况。在价格方面这只股票确实已经跌得够深了。”

我告诉他们，我仍然希望找到一只备选股票可以让我‘做空’。我已经对能多洁公司发动了突然袭击，请他们再为我提供一些别的备选股票。

“酒吧运营商宾治酒馆①这只股票怎么样？”迈克说。“自从新年以来，这个地方甚至比墓地还要冷清。很有可能，他们其他的酒馆也都关门大吉了。”

“是啊，”钱特尔说，“我知道问题在哪儿。拉塞尔这样的人太多了，而伯纳德这样的人又太少了。”

2008 年 4 月 19 日，星期六：反基督教主义者的老巢

我们夫妻俩离开家里，去看望布赖恩和珍妮特，在那儿待了一天。尤妮斯一路上不断地唠叨，说我“缺乏理解”。

“我为你的生日特地买了一条可爱的男用围巾（系在衬衫衣领内），可是你从来都没有戴过，两个半星期都不戴一次。”

---

① Punch Tavern，宾治酒馆。Punch 是由酒、水、糖等制成的五味酒，被称为“宾治”。——译者注

“好吧，戴了它我会感觉自己就像是电影《恩爱的对虾》里那个可怜的落难者，大概每两秒钟会说一次‘当——然’。此外，深红色确实也跟我的肤色不般配。”

“伯纳德，你根本不知道。你衣橱里面的衣服颜色简直比伏尔加格勒[①]的简易窝棚的颜色还要老土。衣服颜色花哨点儿对你是有好处的。”

当我们到达儿子家时，她就和珍妮特胜利会师了。她们两个一起探讨服装时尚方面的话题，而这时候布赖恩负责择菜，我则躲到了那个反基督教主义者的小卧室和他玩耍。现在他的电脑已经被搬走了，这是对他做出的公正的惩罚，因为他给彼得的银行账户造成了直接的经济损失。迪哥比现在对桌面上的战斗游戏重新感兴趣了。然而，仔细观察他那些塑料战士，似乎它们全是从科幻小说以及电子游戏“龙与地下城”里七拼八凑出来的人物，还有会喷火的怪兽和第一次世界大战时的坦克模型。

“这个游戏被称为‘战锤 4000’。”他说。“如果你愿意的话，你可以带我到下面的游戏工厂，我呢，就可以告诉你如何玩这个游戏。我还可以让你吃点儿我的‘好乖乖’巧克力糖，爷爷。”

这个谎话连篇的坏小子当然知道我有什么弱点。毫无疑问，他还希望我能给他买“游戏工厂”里的东西，但是这肯定要比跟我那个苛刻严厉的老婆讨论穿着打扮要好得多。所以我也乐意听他的。另外，这样做也能让我深刻理解这种奇怪的玩具零售现象，事实证明这种做法对于这家公司的投资者来说确实能带来丰厚的利润。

---

① Volgograd，苏联伏尔加河下游城市，曾名为斯大林格勒。——译者注

第14章

地狱恶魔

2008 年 4 月 20 日，星期日：魔术师的魔力

我带孙子到“游戏工厂”玩了一天的战斗游戏，看到了一系列惊世骇俗的恶魔以及牛鬼蛇神，这些妖怪简直就跟孩子们一样喜欢恶作剧。游戏工厂里那些面善心慈的员工，被家长们当做了免费看管孩子的孩子王。他们似乎在制作砍砍杀杀的暴力游戏人物方面乐此不疲。制作精良的微型玩具人物栩栩如生，在舞台背景下它们就像是真的在搏斗着。迪哥比的军队，大多数是一些被称为“炼狱狂鼠”的邪恶鼠辈，他的对手是一个戴着眼镜、名字叫特雷弗的、瘦得皮包骨头的 10 岁小孩。迪哥比的鼠兵鼠将在数量上败下阵来，比不过对手那些吃人如麻和人面兽心的妖兵魔将。可是，这个反基督教主义者玩得也不差。不过，最后他还是被一群皮肤黝黑的侏儒给包围了，这时妖兵魔将们发起了一次犹如泰山压顶般的猛攻。迪哥比在沮丧之中不断地哀号着，而那个小个子特雷弗则不耐烦地向他咂着嘴。

“你这菜鸟儿也太嫩了点儿。”他一边说着，一边抚摸着他那个变身时忽大忽小的魔头。“愿斗服输，输也得输得体面呀。”

迪哥比耳朵根子都涨红了，这让我警惕起来，闹不好马上就会出现全武行了。还没等他对桌子上的玩具实行三光政策，我就赶紧抢先一步把他抱了起来，离开了这个是非之地。我把这个反基督教主义者送回家，上网检索了一下“游戏工厂”的股票行情。我发现这家公司的股票虽然本年度的分红减少，但是股价已经从年初的疲软状态中强势反弹，情况一片大好。尽管公司的产品还像以前一样具有吸引眼球的优势，不过，它并没有像其他公司那样断然削减成本。《长线投资者》杂志说，它的股票价格将“冲高回落”，可是我不敢苟同。

2008 年 4 月 21 日，星期一：与对手并驾齐驱

尤妮斯正在拿着水龙头清洗我的书斋。这意味着我所有的书籍和资料将在劫难逃，很可能电脑将来也要功能失常，因为她还很卖力地擦洗电脑屏幕和键盘。我正要到楼下的厕所去一趟，这才发现，

她已经把两箱子的年报摞了起来，普雷斯科特那个巨大的皮皮猪也被她搁在了地板上面。

听到了我的抗议，尤妮斯进来了，她看到我正在粗暴地把皮皮猪普雷斯科特推出门外。

“伯纳德，请你不要动普雷斯科特。他得了容易饥饿的毛病，他比你更需要上厕所。”

后来，我又回到了写字台前面，重新启动电脑，我发现我已经有两个浮盈的提示信息。我可以高兴地告诉大家，第一只浮盈的股票是能多洁公司的股票，自从 4 月 7 日以来我一直在这只股票上持有空头仓位。可是，当我查对股票价格走势图的时候，鬼才相信，股票开盘价格居然从 90 便士上涨到了 97 便士。像这样一家前景黯淡的公司曾经预警其‘全年蒙受了巨大财务损失’，而不是预报公司的收支平衡，这样的公司为什么会因祸得福，股价不降反涨呢？有时候，我真的一点儿也不理解股票市场。股票市场真让我看不明白。

虽然如此，另一只股票的预盈报告还是让我得到了某种安慰。

这家公司是体育传媒集团①，哈里去年还鼓吹说它的年度利润增长率高达 250%，而且公司市盈率只有 8 倍。但是，这只股票今天下跌了 11.5 便士，现在价格为 30 便士，这个价格要比哈里买进时的价格 76 便士跌去了一大截，这家声名狼藉的公司似乎在成人内容方面正面临着激烈的竞争。嗯，我也弄不明白。正当我要打开这家公司的网站时，门铃响了。

“你去开门好吗，亲爱的？我现在正忙得不可开交。”在我说话的当口，一个穿着长筒袜的年轻女子的画面出现在电脑屏幕上面。

尤妮斯没有应声，我只听到楼上吸尘器那咆哮如雷的噪音。最后，我走到前门，看到一张卡片从信箱里塞了进来，那个熟悉却又难以捉摸的黄、绿相间的城联快递公司的送货车还停在外面。我迅速行动起来，猛地把门打开，一路狂奔着追赶那个司机，脚上还穿着沾满污渍的佩斯利螺旋花纹呢子拖鞋。他停了一下，然后一头钻进了那辆小货车，我终于拿到了给尤妮斯邮寄来的《好女人取悦丈夫指南》，作者是露辛达・莫克特夫人，这正是我订购的情人节礼物。

---

① Sport Media Group，一家传媒类上市公司。——译者注

午前茶点：从城里自营的面包房买了两块带有覆盆子和奶油的果子馅饼。我哀伤地想到了这样一个事实，我打算做空应该做空的股票，但是，市场却跟我开了个玩笑。我是对的，市场是错的。

2008年4月22日，星期二：股权与稀释

苏格兰皇家银行打算公开增发价值120亿英镑的配股股票，市场传言成真。然而，就在几个月前，他们还告诉投资者说，这种情况永远不会发生。我真的不知道什么是一级资本金[①]，不过，我只是暗自庆幸，我们在股票俱乐部没有听从沙马的意见。假如我们听从他的推荐购买了这只股票，那么我们就不仅会在价格下跌中损失一大块现金，而且还要自掏腰包拿出更多的钱来购买股票，因为只有这样做我们才能维持在这只银行股上的利润份额。在价格为200便士的时候，谈论11股多配18股没有什么问题，可是，这对于股票持有人具有怎样的现实意义呢？我们又怎样才能弄明白这只股票到底值不值那个价钱呢？通常，我都会向彼得咨询这类问题。但是自从那个反基督教主义者毁坏了他的电脑，我担心自己在未来很长一段时间都会是一个不受欢迎的人。或许只有沙马这个人才可以替我们完成数学计算这个艰巨的任务，因为你在任何报纸上都不会看到这种计算结果。

2008年4月23日，星期三：德意志银行

本周，地狱钟声股票俱乐部全都在关注沙马向我们讲解如何计算股票权益的问题。正如他所说，公司一般都不会自行解释，诸如（出售股票）不带新股认购权的价格平均数这些数据，也不会直截了

① Tier 1 capital，一级资本金，指银行的自有资本充足率。——译者注

当地说股权的稀释通常意味着分红的减少。

“苏格兰皇家银行的声明并没有说它要削减分红，”马丁一边说着，一边浏览着一沓厚厚的打印材料，“它只说他们将会把收益的 45%以红利的形式派发，大约与 2007 年持平，2007 年的分红为 33 便士。”

“啊，”沙马说，“但是同样的收益将要被摊薄稀释到更多的股票上面。这样一来，如果你在 2007 年获得了 33 便士，现在有了这个 11/18 的权益比例问题，假如总体收益保持稳定不变的话，将来你每股会得到多少收益?”

马丁嘴里叼着一支铅笔，看上去他被难倒了，然后他不住地挠头。钱特尔今天涂了粉红的眼影以便配上她的头发颜色，嘴唇上又新穿了一个洞，看上去真是光彩照人。今天她非常机灵能干：“那是 33 便士乘以 18，再除以 11 加 18 的和，对吧?”

“对了，但是最简便的表示方法是先把分母加起来，也就是 33 ×(18/29)，答案是 20.5 便士。”沙马说。

我感觉到数学让我犯难，但是明确无误的是，即便是由于股权稀释的原因而令这只股票的平均股价变低，红利的稀释作用也会把收益削减至 7%。

“好了，沙马，我记得你曾经推荐我们买进苏格兰皇家银行的股票，”钱特尔想起了这件事情，这时候她嘴里正咯吱咯吱地嚼着油焖挪威海虾，“但是，假如咱们当初买了股票，由于价格下跌咱们得赔一笔钱，同时还得自掏腰包再买进增发的股票，同时分红还减少了。在这家银行花大价钱接管了荷兰银行①之后，他们让大伙儿相信它有很好的增长预期，把钱全都买了这只银行股，可是它的增长前景远远达不到市场预期。”

“亲爱的，你总结得非常好。”哈里说道。“咱们不买进银行股还有另外一个原因，”他一边说着，一边用手指头戳着他那杯阿德南牌啤酒下面的一本皱巴巴的《金融时报》杂志，“看来，德意志银行以后就不能报销员工逛窑子吃花酒的开销了。”他忍不住轻声笑了起来。

① ABN-Amro，荷兰银行，1990 年由荷兰两家大型银行合并而成。——译者注

"真是不幸呀，"我说，"原来的报销制度到底是怎么规定的?"

他说："你想想就明白了。你知道，德国佬喜欢详细地记录一切细节：每个姿势都有其单独的财务报账代码，或许除了汉堡包之外还有其他额外的出差补助。如果一个人出国出趟公差，除非你请客送礼、招待客户必须自掏腰包换汇结汇，否则，你要来个一醉方休总得有个同事陪着你吧。你必须把增值税计算清楚，这样一来他们才能享受退税优惠。与此同时那些卫生与安全部门的人也不是吃素的，他们可不要什么购买避孕套的收据，而是要你交出书面材料证明这些避孕套确实被消费掉了，目的是避免为银行的人力资源负担治疗艾滋病的费用。"

2008年4月25日，星期五：照顾纳斯达克

杰迈玛顺路来告诉我们，她和托比要到希腊米克诺斯去休假。啊，好吧。此外，他们还问我们能不能在两个星期之内抽空照看一下他们的纳斯达克?这是女儿没有头脑的又一个典型例证。他们那条黑色的拉布拉多犬，就像他的股票指数名字那样充满活力，它才刚刚6个月大，需要大量的训练。他们留下的狗粮只够它吃两天的，因此我还要另外付出一笔食品补贴。

2008年4月26日，星期六：格兰奇茅斯炼油厂罢工的狂想

母亲又打电话过来，她害怕英国就要发生汽油短缺，因为在格兰奇茅斯[①]那儿的炼油厂工人就要罢工了。我发现自己很难让她闭上嘴巴。

"真的，妈妈，你还有什么可担心的呀?你又没有汽车，而且你已经囤积了足够的粮食，都够装满一个核燃料库了，仓库里面全是胖乎乎的相扑手般的大麻袋。"

"那莫里斯怎么办?"她说，"我可全都指靠着它呢。"

"莫里斯不是用电池驱动吗，它不用汽油。难道你忘了，我已经

---

① Grangemouth，英国沿海港口城市。——译者注

告诉过你怎么给它充电了?”

坦率地讲，要是我母亲干脆放弃了她的摩托车，我会更快乐一些。她不仅是自己的累赘，而且还是所有公路使用者和麦芽酒饮用者的累赘。就在上周，我跟她一块儿沿着西大马路散步，她一转身就离开了人行道，去察看怎么会有一袋熏鳗鱼躺在公共汽车车道上。我大声地喊她回来，可是我的话就像一只被压扁了的鸽子飘落在聋子的耳朵边，而且要不是我像一个疯子一样站进车道，挥舞手臂，阻止车流的话，她差点就去见上帝了。

戏剧尾声：新的琼斯家庭大宗商品基金现在发展势头良好。必和必拓公司的股票价格继续攀高，从 1 666 便士的买进价格涨到了 1 800 便士，联合利华的股票基本上是表现平平，但是英国石油公司算是真正的明星股票，还没有等到下周公布业绩，它的价格已经攀升至 580 便士，这已经让我赚了 10%的利润，大约有 500 英镑。这确实是一件值得庆祝的事情。因此，现在我决定，我们要把这个基金命名为“DotCom”。起这个名主要是因为基金发起人是我老妈，她的名字叫“Dot”，而大宗商品的名字是“commodities”，我们把投资的旗帜插在了大宗商品这条投资主线上。

2008 年 4 月 29 日，星期二：最佳估价

今天早晨，逃过了一场河马撩逗的劫难，有惊无险。压制敌人的时候我采用了一个精心策划的战术：假装头痛。当然，对于尤妮斯来说这意味着我不必接受详细的交叉审讯。我吃了几片止痛药，躺在床上，冰冷的毛巾贴在前额上。尤妮斯在我脖子上揉搓那种令人厌恶的甘菊和辣根糊糊（这是厄姆格德推荐的）。由于我能够不屈不挠地呻吟个没完没了，时间长达 40 分钟，我的精彩演技理应让我捧回个奥斯卡小金人儿。于是，我就可以不用履行丈夫的义务了。

早晨 8 点 10 分。当尤妮斯还在卫生间的时候，我就蹑手蹑脚上

楼了，匆匆忙忙拿了一杯咖啡，然后上网察看股票市场都有什么新闻。我惊奇地发现，英国石油公司超过了所有人的期待，其利润提高了 44%，今年前 3 个月利润达到了 66 亿美元。相比之下，分析师们预期它的利润只有 52 亿美元。我待在这儿看股票行情，不断地刷新股票价格的信息，心里为股价加油。我必须承认，这种偷窥金融市场的行为给我带来许多快感，这种快感比被老婆反剪双手要受用得多。这种癖好会不会把我变成一个怪人？要是你见过我老婆你就不会这么说了，我也没有变成怪胎。

我的白日梦被打断了，因为尤妮斯突然冲进了我的书斋。她身上穿着浴袍，头上戴着头巾。我马上把双手放到脑后："哎哟，哎哟，哎哟。我这头疼怎么还不停下来呢？"我轻轻地哼哼着，"这就像一根铁锈钉子从一只耳朵进去，一只耳朵出来。"

"伯纳德，你老盯着电脑屏幕，怪不得头痛不止呢。电脑引起眼睛疲劳，这太不好啦。回到床上休息去。我弄了点儿白菊花和蓟花润肤露，可能会有疗效。另外，这里面绝对不含咖啡因。"

她眼疾手快，想要夺走我的咖啡，我奋起力争，上演了一场咖啡争夺战。接下来，我们把咖啡撞翻在键盘上。电脑发出了"嘶嘶"和"噼里啪啦"的声音，接着电脑屏幕就黑了。

"啊，好吧，一箭双雕，这一下子解决了两个人的头痛。"她说。

2008 年 4 月 30 日，星期三：公司改名无所谓

许多周以来，股票俱乐部一直争论不休，今天大家终于决定要把总额为 2 837.14 英镑的公积金给花掉，不管结局如何。可是，当沙马给我们每人打印了一份股票清单的时候，大家才发现我们之前投资的股票都是什么市场表现。

"真叫人生气，"钱特尔说，"英国电信的股价已经从当初的买进价格下跌了 1/3。难道现在人们已经不再打电话了吗？"

"孚朋公司的股票怎么样？我们是什么时候买进这只股票的？"马丁问。"银行自动转账公司的股票表现得怎么样？"

"你们这些人从来不听劝，不是吗？"沙马说。"在银行自动转账公司改名之前我就已经劝过你们了。"

"但是，看看这只股票的价格，"马丁大声地抱怨着，"现在这只股票价格只有 1 英镑，而我们的买进价格是 3 英镑。在投资这个行业的人当中，难道靠拆东墙补西墙的办法持有股票的就只有我一个吗?"

第15章 汽车警报

2008年5月1日，星期四：高估的商誉

霍恩比玩具公司刚刚收购了"狗仔"[①] 公司，这是一家合金模具的制造商。啊！我记得非常清楚，我收藏过上世纪50年代的送奶马车、斯卡梅尔低架牵引拖车和本特利汽车[②]，以前我经常使用它们制造铁路道口的交通事故，那时我打算收藏的还是玩具火车系列。我真的搞不懂，今天玩PSP和X-Box游戏机的这一代要这些模型玩具还有什么用。但是正如霍恩比玩具所说，这其实是个收藏品市场，这种怀旧情绪对于像我这样身处逆境的人来说算是一种自我安慰。不过，还没有等我老眼昏花，我就惊讶地看到霍恩比玩具公司花了750万英镑，只得到了140万英镑的有形资产。商标、知识产权、商誉诸如此类的无形资产确实有些经济价值，不过，如果你想在它们身上打主意还是节制点好，因为收藏品市场是以藏品的稀缺性为基础的。我从来没有喜欢过这只股票。1955年我从"四眼"飞尔腾那儿买来了他那辆由婴儿车改装成的高速赛车，当时他要价1英镑6便士，我根本不喜欢这种废物。他想涨价3便士，理由是这辆车的早期版本还有ABS刹车系统（动力系统就是他妹妹的弹力短裤）。不过，我一直没有使用过这个刹车系统，后来我才试验了一回，结果我被重重地砸到了车下，磕得不轻，屁股上的荨麻刺儿被连毛拔了出来，血淋淋的，臼齿也被磕掉了一颗。我旗帜鲜明地向他宣布，价格要涨3便士，门儿都没有。

午前茶点：我小心翼翼地咬了一口陈年的耐托牌无花果面包卷。阁楼的火车模型沙盘有个大隧道，我在里面藏了许多食物，这个面包就是在饼干战争期间幸存下来的战果之一。最近几个月以来，我把它们藏到了我的货车车厢里，一节敞篷铁路货车藏一个，用来模仿有形的货物。实际上，经我咬了这一口，它居然安然无恙。我把这块面包放回到藏它的那节敞篷货车里面，走下楼梯，寻找更柔

① Corgi，知名玩具模具生产商。——译者注

② Scammell为大型卡车品牌，Bentley为豪华型轿车品牌。——译者注

软的食物。

2008年5月3日，星期六：雷诺汽车不见了

午前茶点：趁尤妮斯出去的工夫，我默默不语地咀嚼一块瑞士三角巧克力。我原以为自己会有几个小时的安全时间，因为她拿着巴克莱信用卡独自购物去了。她想拯救英国零售行业，让它走出衰退的阴霾。现在，她已经知道我从多蒂那儿弄到了钱，所以她花钱越发大手大脚了。不过，这时电话铃响了，电话那边是上气不接下气的尤妮斯。

“伯纳德，汽车被人偷了！我把车放在多层停车场，当我带着先前从马莎百货、弗雷泽百货和德本汉姆百货采购回来的东西找车的时候，车就不见了。”

虽然汽车丢了我也很担心，可是由于她一连逛了那么多商店肯定买了不少东西，我担心她根本拿不动。我又问了她细节问题，她说虽然她并没有把停车的楼层记下来，可是她肯定自己上的楼层是对的，汽车停放在一辆银色的高尔夫汽车和消防通道之间，而现在在她放车的地方停的却是一辆蓝色的蒙迪欧。

“好吧，请你发发善心吧，赶紧开车来把我拉走好啦，伯纳德，你听见了吗？我的包包太多，根本拿不动。”

“请你再到别的楼层看看好吧。为了确定起见。”

“伯纳德，这个停车场共有7层，对面那边还有一些半层的停车场，我把车停在了远离电梯的那边。”

“可是，假如你的雷诺克里欧只是在离你现在所在楼层一个楼层远的地方，而我开车接你却要跑这么老远，你还是再看看吧。”

“要是你不再信任我，那么，我们的婚姻就肯定要出问题了。汽车已经被盗了，我已经迷路了，孤零零地待在一个陌生的地方……”

“上帝啊，你不过就是近在布罗姆利吗，又不是远在费卢杰[1]。”

“可是，我刚才看到外面有一个穿着街舞服装的小混混儿。其次，我这儿什么危险都有可能发生，而你却毫不在乎。”她已经有了啜泣的预兆，所以我赶紧变得和颜悦色。你猜猜后来发生了什么事情？当我赶到那儿的时候，真是该死，她还在停车场待着，不过这个停车场根本就不是她放车的那个停车场。在她放车的那个停车场，那辆雷诺克里欧汽车安然无恙。但是，这算谁的错呢？当然，你肯定已经猜到了：一切全赖我。

2008年5月7日，星期三：医院挂号预约

刚刚准备动身前往钟声酒吧的股票俱乐部，这时候杰迈玛恰好来到了家里。她只是跟我打了个招呼，就匆匆忙忙地走了，跑进屋里和尤妮斯开始严肃地讨论起来，她们显然是在讨论治疗疾病的问题。我只得又返回了书斋，有些茫然不知所措。后来，当我听到汽车车门砰的一声关上的时候，我知道自己可以继续活动了，这时我才又走了出来。我看见尤妮斯正在上杰迈玛的汽车，我赶紧走上去问她们到底发生了什么事情。

“我正打算把妈妈送到医院去，”杰迈玛说。

“还是让我告诉你路怎么走吧？你先上 M25 公路，然后再走 A30 公路，过了坎伯利旅馆之后就得马上向克罗瑟方向走，（收治囚犯的）布罗德莫精神病院就在 A30 公路的路边。”

“伯纳德，”尤妮斯说话时脾气有些暴躁，“我都告诉你不知多少遍了，我跟人约好了今天要试镜。”

“试什么镜呀？”

“查查乳房囊肿的事情。伯纳德，你瞧瞧，难道就因为你从来都记不住什么事情，我就非得大声叫嚷让全大街的人都听到吗？”

“你是要做乳房 X 光透视！”杰迈玛嘘道。

“杰迈玛，你跟他说话纯粹是浪费时间，”尤妮斯说，“兴许伯纳

[1] Faluja，历史古城，位于伊拉克最大的安巴尔省境内。——译者注

德还以为乳房X光照片①是一种新型的邮政服务项目，好让他跟他妈妈保持联络呢。”

2008年5月8日，星期四：联合利华时代

联合利华是DotCom基金的主要成份股，公司已经公告每股收益增长了35%，并且公司已经采取措施恢复大宗商品的成本价。正如预告的那样，这家公司拥有财务杠杆以便维持自己的市场份额，防止受到超市业态的冲击。另外，我们的大宗商品基金持有的成份股还包括英国石油公司、必和必拓公司和英国天然气集团，它们的业绩似乎也相当不错。这样看来，最后我终于有了一个切实可行的投资策略。

戏剧尾声：今天大约赚了430英镑。这才是真正的入场券！

2008年5月10日，星期六：反基督教主义者的串球巧克力

为了向尤妮斯表示支持，杰迈玛安排了一次家庭聚会。大家反反复复地告诉我，她正在渡过一场“难关”，因为她对于医院的治疗方案有所顾虑。我姐姐伊冯娜特地从遥远的斯托克波特市赶来，布赖恩和珍妮特还把那个反基督教主义者弄到这儿来了，让大家全都保持警惕，以防不测。我也完成了任务，给尤妮斯购买了一大盒最好的索顿奶茶，给她烧了许多壶茶，而且不时地轻拍她的后背。迪哥比今天早晨已经请示过我，他要使用书斋。现在他来了，手里拿着一盒手绘的复活节彩蛋，里面全是手工制作的比利时巧克力。大家大口大口地吃着巧克力，他改掉了抠门儿的习惯开始学会与人分享，因此他受到了大家的赞扬。不过，当大家准备吃我的巧克力的

---

① Mammogram，戏谑语，根据词根，mammo既可表示母亲，也可以表示乳房；gram既可以表示图文电报，又可以表示透视图。——译者注

时候，那个包装盒上的丝带却莫名其妙地被人弄坏了，盒子上的玻璃纸早已不知去向。一切都好，直到我们打开第二层的时候事情才露出了马脚。原来盒子里面并没有柠檬的冻糕、椰子的乐土和巧克力的梦境，里面已经空空如也。

“无耻的骗子！”我说。“厂家居然只给了我半盒巧克力。”

“啊，我要把它退回去。”伊冯娜说，但是大家已经吃完了上面一层最后一块杏仁蛋白软糖。“有商品合格证吗？”

尤妮斯咯咯地笑了：“到了我 9 岁大的孙子能够给我买手工制作的比利时巧克力的时候，我不敢保证我老公能从商店里给我买回家整整一盒子的巧克力，他路上肯定偷吃了。”

我脑子里的某个齿轮发出了滴答的声音，我看了看迪哥比，他现在看上去特别自鸣得意。为什么，这个狡猾的小……

2008 年 5 月 13 日，星期二：节约能源

两周来这还是我第一次必须开车上 M25 公路去看望我老妈。她已经打过电话了，社区已经给她发了节能灯，她一直惦记着这件事。可是，她似乎不会安灯泡。

“难道你不能暂时先用现在的灯泡将就一阵子吗？”我问。

“不行。社区的人都说了，这可是头等大事。显然，警察局能够知道谁家的用电量过多，因为大家都有碳指纹。”

“那是碳足迹，妈妈，不是碳指纹。”

“不管怎么说，哈里森夫人和住在 37 号的登顿一家都已经买到了他们的节能灯泡，并且整天叫它们亮着，以便大家能够注意到这件事情。哎呀，我不想让人家看得那么糟糕，所以我正要亡羊补牢呢，我也要让我的节能灯泡亮起来给大家瞧瞧。”

话头一打开，她嘴里一边骂着汽油价格上涨，一边又骂着首相布朗的生态动力系统。我开车先去给她修理一下吧。光是我跑这一趟，我的碳足迹很可能就抵得上她的节能灯泡 5 年节约下来的钱，可是我又不能向她解释这个。当我赶到她那儿时，发现人家给她的是螺丝口灯泡，可是她真正需要的是卡口灯泡。

“他们难道没有给你任何卡口的灯泡吗？”我问。

"没有。我想他们把卡口灯泡全都供应给英国地方志愿军了。"

于是，我花了十多分钟才把事情弄清楚，又花了 15 分钟打电话给社区解释说她需要另外一种接口的灯泡。在回家的路上，我发现，公路交叉口环形路上的汽油价格已经上涨了 3 便士，1 小时之前我路过的时候汽油还没有涨价呢。简直是难以置信！现在的世界变化实在太快，按照现在的汽油价格，我的那点儿钱只能驾驶着莫里斯，也就是多蒂的摩托车来代步了。

2008 年 5 月 14 日，星期三：最后的买进良机

俱乐部里温度比较高，所以大家索性在钟声酒吧外面落座了。这样一来，哈里就可以用他那"醉醺醺的分级理论"来给过路的女人打分了。

"那个女人就像一家英国设备租赁公司阿斯泰德[①]，"他说话的时候正好瞅见了一个年龄 40 来岁、喜欢喝酒、金发碧眼的女人，"过去她们确实很有吸引力，不过她们现在发胖的速度有点儿太快了，容易受到人们开销减少的冲击。但是，确实算得上价廉物美。"

接下来，他又指着一个体型肥胖、面容憔悴的女人，这女人身边还围着好几个孩子。"这个女人肯定就像英国电信那样的公司。由于公司经营成本居高不下，站在竞争对手面前似乎一副无精打采的样子，但是在经济最困难的时候她却具有极强的调整适应能力。"

随后，哈里又看到一个穿着超短裙的褐发女人，她骑着一辆自行车。"现在经过这儿的那个女人就像是必和必拓公司。她拥有丰富的自然资源，因为大宗商品的超级景气周期而精神抖擞，不过，假如我们走运的话她就该贱如粪土了……"

话说到这儿，哈里严肃地拉长了脸，就像一片宽条挂面。钱特尔板着脸，把她正在清理的桌子上那半品脱啤酒倒进了他的后脖领里面。"哈里，你对于女人苛刻挑剔的态度似乎让塔利班都要稍逊一筹，他们似乎还能算得上是漂亮的小男生。假如你是一家公司，那肯定是 JJB 体育器材连锁这家公司，销售量直线下降，不仅身体本

---

① Ashtead，英国知名工业设备租赁公司。——译者注

钱被全部糟蹋一空，而且根本没有任何吸引力。”

这会儿哈里又出来了，他的脸上还挂着鸡蛋糊和许多别的东西，大家都情不自禁地窃笑起来。

最后，沙马宣布会议开始，他坚持认为大家必须做个决断，要么把我们少量的盈利全部花掉买进股票，要么把盈利暂时留在手上，等待更低的价位再出手买进。迈克、哈里、钱特尔和沙马预计股票市场还将进一步深跌；我认为后市将会震荡走稳；马丁永远是个乐观派，他认为金融时报指数将向 7 000 点发起冲击。由于大多数人对于后市看低一线，我们决定弹药入库，免遭泡汤。或许 9 月底才是全面出击的最佳时机，因为无风无浪、交易清淡的夏季届时正好过完。

2008 年 5 月 19 日，星期一：想买“Wii”游戏装备

正如我怀疑的那样，美国法制体系有着很长的胳膊，最后这只胳膊终于在突然之间就揪住了英国宇航系统公司的衣领。公司总裁迈克·特纳（Mike Turner）在休斯敦机场被美国司法部官员正式拘留时，法院传票那种东西都用上了。正如“总督”（gubernatorial），“告别词”（valedictorian）和“大二学生”（sophomore）这样的词语一样，这些在英国早已过时的老套词汇肯定会叫英国人迷惑不解。另外，事情的起因就是英国和沙特之间签订的艾尔亚马马[①]军火协议，这本来是英国政府和沙特王室之间签署的协议，是板上钉钉的事情。尽管多蒂不同意我卖出她手上的英国宇航系统公司的股票，我非常欣慰的是妇联的玛丽还是劝她把这些股票给卖了。对于英国宇航系统公司来说，这事儿还没完，请记住我的话。

要说起来，刑事责任调查的事情跟我有什么相干。不过，今天是迪哥比的 10 岁生日。好几个星期以来，这个坏小孩一直在忽悠我，他想要个“wee”[②] 那种小玩意儿。可是这回他所谓的“小玩意儿”可远超出了我最初的想象。我原以为他要用一会儿卫生间，没

① Al Yamamah，军火交易名称。——译者注

② Wee，一小会儿，小玩意儿。发音类似“Wii”，一种电子游戏装备。——译者注

想到他竟然是让我给买一种很贵的电脑装备。“Wii”到底有什么功能，我也给你说不出个所以然来。不过，这种东西显然很畅销、很时髦。假如这东西能够让他不再搞恶作剧跟我淘气，那岂不更好？

2008 年 5 月 20 日，星期二：规划要面向未来

除了要为这个反基督教主义者购买一个“Wii”当做生日礼物，我还计划好好补偿他一下，我打算给他建立一个股票养老金计划。我每周要向这笔基金中投入 1 英镑，为了获得税收豁免的优惠，他至少在 50 年之内不能动用这笔钱。我用彼得给我的那个简便电子计算表计算过了，假如一年的回报率为 7.5%，到了 2058 年，光是第一年投资的数额就价值 6 300 英镑。但愿，到了那个时候，他就不再像个诡计多端的第三世界的专制君主，而更像是文明人了。如若不然，届时他也同样能够拥有充足的储备资金，使他能够到热带岛国去享受免税的天堂，因为免税他就可以通过互联网传播病毒，劫掠全世界了。到了那个时候，我早已不在了，我只能幻想着他能够感激他那年迈的爷爷，辛苦了一辈子，给英国国防部当牛做马，总算给自己赚到了养老金。可惜他爷爷只能眼睁睁地看着自己的老婆把养老金挥霍一空，女儿以及首相已经把爷爷的钱给侵蚀殆尽。或许到了迪哥比长大的那个年代，人类已经发明了时间穿梭机器，我的孙子可以为我报仇雪恨，把一部分钱给我拿回来！

午前茶点：带着一副可怜兮兮的样子，我吃了两个柠檬酥皮的杯状蛋糕，全身又充满了青春活力的气息。诗人普罗斯特肯定会举双手赞成我的举动。

2008 年 5 月 22 日，星期四：问与答

布赖恩给我打电话来，告诉我最近英国教育系统内部出现的危

机。我很早以前就认为，普通中等教育证书[1]就像是刮刮卡上面的安慰奖品一样随随便便地被免费派发出去是有问题的。如果一个民族只有一群无知到只会挥舞大刀的乌合之众，那么我们很难想象这群废物能够取得越来越高的考试分数。可是，现在，大家听说了事情的真相，中学会考的音乐试卷就是一个生动的例证，试题的答案就印在试卷的背面。

我在中学会考中取得的成绩很差，不过即使如此，我仍然认为我那张证书是货真价实的东西。此一时，彼一时也。我感觉今天自己在那些证书如山的媒体研究"呆子权威"们中间仍然可以骄傲地昂起头。因为他们连个领结都不会打，连个皮鞋都不会擦，也分不清在什么情况下要使用"谨启"，什么情况下使用"谨呈"，更弄不清什么时候应该说"劳驾"，什么时候应该说"承让"。我不知道，不久以后，社会对于年青一代的纵容与逢迎是否会允许初学者的 A 级音乐简谱进入英国的教学大纲。

2008 年 5 月 24 日，星期六：女孩子的道德规范

我查阅了一下信成网上的一些投资基金，稀里糊涂地就碰上了马莎百货的伦理道德基金。去年 3 月，尤妮斯不顾我的反对，在这家基金里一掷就是 4 500 英镑，这是她的零钱个人储蓄账户[2]里剩余的钱。还好，那时这只基金已经下跌了 14.6%。非常坦率地说，这正中她的下怀。当然，假如她把这笔钱投入我自己的一揽子股票投资，我只会让她赔得更惨。不过，我们赔钱也是正大光明的赔钱，而不会让时髦的生态理想主义给我们造成损失。至少，我的第一目标是赚钱，第二是赚钱，最后还是赚钱。伦理道德基金还有其他的优先目标。我以前曾经认为，这笔基金一定错过了矿产股票大涨带来的投资机会，因为这群整天只读《卫报》的人一直把在原始热带

---

① GCSE：General Certificate of Secondary Education 的首字母缩写，即普通中等教育证书，英国学生完成第一阶段中等教育后，参加中学会考，获得此证。——译者注

② Mini-cash ISA，ISA 是"Individual Savings Account"，这种账户类似于储蓄存折，好处是利息或收益可以享受固定额度的免税优惠。——译者注

雨林搞矿产开发的公司当做他们的头号敌人。特别值得一提的是，公司的执行官们超过半数以上要么是美国总统小布什的助手，要么就是那些不知悔改的南非白人。但是，我发现这只基金最大的持股人之一却是专门开发矿山的力拓公司，我清楚地记得在众多矿产公司中，这家公司乃是众矢之的，备受社会公众的揶揄与攻击，也是最常遭到人们唾弃的公司。难道事情已经有了翻天覆地的变化，以至于力拓公司已经金盆洗手，摇身一变成了一家可爱的、符合伦理道德规范的公司？还是说，我们已经制定出了一套全新的道德规范？直到今天，我仍然大惑不解。

午前茶点：我刚要从霍恩比玩具火车的抽屉里取出最后一块杯形蛋糕，尤妮斯就突然走进了柠檬斯坦，完全是不请自来。我迅速把抽屉关好，转身面对着入侵者，她的武装是一块丝瓜筋和申先生牌[①]清洁剂。

“女士，你有入境签证吗？清洁工服务本来要到星期一才需要啊。”

“少罗嗦，伯纳德。今天我非得清理清理屋里的灰尘了。我已经跟医院约好了手术时间，星期一手术。”

“可是，我正忙不过来呢，你难道没看见吗？”我说。

“还真没看见赔钱的事情完全可以推迟到今天下午再说。我要在这儿忙上一阵子了，我可不想让家里到处都脏得像狗窝一样，趁这个工夫，你也可以做点有用的事。你到楼下卧室里，把你丢到床上的那些乱七八糟的衣服好好归置一下。”

“你能不能宽限我几分钟时间？”

我的请求被她打断了，因为现在尤妮斯已经把我的全部资料都摞成了一堆，放到了地板上面，然后她的喷雾器就开始到处喷开了。

在这种绝对杀伤性的化学武器攻击面前，柠檬斯坦的武装力量不得不重新部署兵力。

我退到了客厅，这儿是敌人火力半径之外的安全地带，我可以对她发动狙击了。我说：“至于赔钱的事，或许你将来就会明白马莎

---

① Mr Sheen，洗涤用品品牌。——译者注

百货的伦理道德基金会让你赔了夫人又折兵。我认为你已经赔得够惨了，你赔的钱足够买上十几条那种圣迈克尔牌的弹力长裤，再买上 20 件宽松的绣花上衣和一大堆内衣，这些东西堆积起来足有埃及的胡夫金字塔那样高。”

第16章
劣等生与狼共舞

2008年5月26日，星期一：房产经纪人登场

啊，感谢上帝！奥里奥丹一家要搬走了！他们是我们的邻居，我们都很讨厌他们。房地产经纪人在奥里奥丹家前面的花园里插上了“房屋出售”的牌子。看到这个牌子的那一刻，我感觉自己好想五体投地，感谢所有神明，感谢他们给我家带来了好运。或许我并不是房地产经纪人的崇拜者，但是我希望他们能够尽快做成这笔交易。当然，他们也会从中收取佣金。奥里奥丹一家常举办人声嘈杂的聚会，用500分贝的卡拉OK播放翻唱的“白兰鸽”，这种聚会总要延续到凌晨5点才结束。他们那群活跃好动的孩子也都行为不端。另外，他们还虐待家里那个可爱的房客阿斯特丽德。一想到这些，我就巴不得他们马上离开这里。当然，单单是那个该死的蹦床，我们树篱旁边的这家邻居常常传来令人讨厌的、尖锐刺耳的声音，这些势必要降低我们家的房产价值，减值幅度甚至超过了次贷危机带来的全部损失。

我还记得，有一个星期六晚上，大约凌晨3点，我听到我家花园里有什么动静。我只拿了一份卷成筒状的《观察家》杂志，就从小棚子后面赶跑了好几个戴头罩的年轻人。在那儿，我发现，贝萨妮·奥里奥丹躺在地上，几乎没有了意识，旁边还放着6个白钻石苹果酒的空瓶子。她只有16岁，但是她和她那些朋友一样，不管经济有多萧条，也能促进酒类经销商马休·克拉克公司销售额的增长，其实他们“赞助”的是这家公司的母公司即星座品牌酿酒厂。要是别的顾客也能如此坚定地支持酒类消费就好了。我把她叫醒之后她就在我那一小块南瓜地里打滚儿。从她散乱的衣服可以看出，她肯定是听从了戴维·卡梅伦有关如何对付小混混儿的建议，结果真的是太残酷无情了。

现在，一切都明白了，我们现在就要摆脱地狱恶魔一样的邻居了！我飞快地告诉了尤妮斯这个好消息。

“好哇，好哇，肯恩已经跟另外一个女人跑了。你还不知道吗？”尤妮斯一边回答，手里一边翻看着《广播时报》。

“不知道呀，我怎么会知道这些事儿？”

“好了，过来，伯纳德，不要落后。肯恩的汽车已经好几个月没

有在那儿了，不是吗？丽萨现在已经跟莎芙特·金那个换汽车排气管的人闹翻了。"

"你说谁？"

"莎芙特·金。你看，那辆客货两用车老停在那儿。车主是个黑人，胸脯上毛茸茸的，就是他。要我说，他的胸毛要比那个凯夫牌方块地毯和鞋垫强多了，可是达芙妮不同意我的看法。她并不讨厌光溜溜的家伙，只要他们肩膀上没有文身就好。当然，最好的一个是个匈牙利小伙子，但是他只待了一个周末就跑掉了。"

"我根本搞不懂这些杂七杂八的事情你是怎么弄得门儿清的。难道你像比尔·奥迪[①]一样整天躲在杜鹃花后面用望远镜观察人家吗？"

"这可是我唯一寻求刺激的手段，伯纳德。间接的激动也比没有任何激动强一些。另外，我是非常克制的。达芙妮说，从她的亚麻布橱柜上面的天窗看过去，就可以看到丽萨的水床。显然，大多数夜晚，那儿一直都是涛声一片。"

我马上把这个话题上岔开了。可是，整个事件中最令人困惑不解的问题就是为什么丽萨·奥里奥丹会把公用电话号码簿当做婚恋中介机构。当然这不用缴增值税，只收现金。最大的问题是谁付钱给谁。

2008年5月27日，星期二：市场知识

当我早晨锻炼身体之后，我走进了柠檬斯坦，看到尤妮斯待在我的电脑前面，她透过那个读书用的老花镜上方斜盯着房产中介的网站。

"抱歉打扰，我可以问问你正在干什么吗？"

"当然可以了，伯纳德，我正在寻找到底奥里奥丹家的房子卖给谁了。"她回答道。

"难道你还想买不成？或者你只是咸吃萝卜淡操心？"

尤妮斯在椅子上转过身来，盯着我说："这不是多管闲事，伯纳

---

① Bill Oddie，英国作家，演员，音乐家。他儿时喜欢观察鸟类，现在是知名鸟类学家，动物保护主义者。——译者注

德，因为我们要弄清楚自己家附近的房产价格信息，这是明智之举。这还能增加你的市场知识，我过去以为你懂点儿这方面的知识，亏你还是个投资家。”

“那么，你都发现了什么？”

“57 万 5 千英镑。他们买的时候价格是多少？”

“我想当时是 42 万 5 千英镑。那是两年前的事了。”

“这么说，他们卖不了那个价钱，对吗？”尤妮斯判断道。“这就是说，那个房子旁边的房子肯定要值 60 万英镑，因为咱家温室大棚是用硬木盖成的，而不是用廉价的塑料搭建的。”

这件事情的奇怪之处在于尤妮斯的看法中完全体现了她对于价值的信心。这一点是明显的。这个女人被葡萄牙奥博多港的一个市场商贩给骗了，花了 185 英镑购买了一个路易·威登（LV）手包，结果这手包不但是假冒伪劣产品，而且由于包里东西太多，手包的带子都被她拎断了。她的包里除了装有她的化妆品、卷发发夹、睫毛弯曲器、零钱，别的东西也不少。当时我就说，你没买个艾迪·斯托巴[1]当手包，这可真是遗憾。或许它的品牌没有奢侈品牌路易·威登叫得那么响，但是它至少能够装得下很多东西。

2008 年 6 月 4 日，星期三：布拉德福德及宾利银行

马丁哀叹自己的经济困境，钟声酒吧的股票俱乐部全体成员都跟着他难受。在他的债务重组方案中，他唯一没有踩到红线的是抵押贷款。虽然如此，他现在已经偿还完了他的固定利率贷款，而给他贷款的那家银行，即布拉德福德及宾利银行还想利用浮动利率从他身上赚到更多的利息。

“你试着到别家银行看看，能找到一家贷款利息更优惠的银行吗？”沙马说。“有许多网站上都可以提供条件更优惠的贷款。”

“我已经看过了，不过，我有一个难题，”马丁说，“在 2006 年初的时候，我们这笔贷款是一笔质押比例为 95%的贷款，可是，由

① Eddie Stobart，英国物流公司，主要运输车辆为大型卡车。此处为戏谑语。——译者注

于我们看到2007年物价仍然飞涨，就又办了一笔15 000英镑的抵押担保贷款，给霍莉买了一辆加长型轿车。当然，去年8月份她已经把这辆车给报销了，因为她驾车超越一辆福特嘉年华轿车时把车给撞瘪了，那个司机是个刚刚从'一次包过'驾校出来的学员。因为这是第三方责任保险、火险或者盗抢险，我们没有得到一个子儿，那辆报废汽车只卖了260英镑。"

"要是让我爸回收的话，他会给你们那辆报废车出价更高一些，"钱特尔说道，"如果你有旧车需要报废，来找我好了。"

"谢谢，我会记住你的话的。无论如何，我们现在仍然有这笔担保贷款。霍莉现在开的是一辆破破烂烂的有10年车龄的菲亚特轿车，我们现在已经深陷于债务问题了。我们曾向汇丰银行申请的一种新型的固定利率贷款，但是估值要比我们自己原来做的估值低很多。实际上我们已经进入了负资产状态，没有人愿意给我们转按揭贷款。"

"当时你额外办的那笔贷款真是太愚蠢了，唉，怎么会这样呢?"拉塞尔从自动点唱机那边儿大嚷道，"还有，想一想，你买的保险也不大合适，真是祸不单行呀。"

"请你闭上乌鸦嘴好吧，"哈里大叫， "别往人家的伤口上撒盐了。"

虽然如此，马丁对于债务问题的态度完全是太离谱了。他的债务越重，越是希望我们在投机性股票上投资，例如哈萨克矿业公司的股票，在创业板OFEX[①]挂牌的不知名软件公司的股票，还有一些奄奄一息的房地产建筑商的股票。这完全像是一场赌博，双倍押注，要么双倍赢钱，要么血本无归。他甚至建议我们应该购买巴莱特地产开发公司[②]的股票。

"这只股票真的很便宜。它的成交价格远远低于它的净资产价值。再看看分红情况！它的分红是37便士，而股票价格却只有140便士，这收益简直……太丰厚了。"

---

① OFEX，Off-Exchange的缩写，又称"未上市证券市场"英国一个专门为中小企业、高科技企业服务的市场。——译者注

② Barratt，英国上市房地产建筑企业之一。——译者注

“可是马丁，”沙马说，“这家公司光是负债就已经达到了 20 亿英镑。它可能会撕毁与银行签署的贷款合同，然后势必要进入被债权方接管的状态。让我们面对这个现实吧，房屋价格下跌还只是刚刚开始。我不大相信冒险的事情……”

“啊哟，诺森罗克?”哈里嘀咕说，几乎都没有抬头看一眼大家，低头阅读《赛马邮报》。此刻，沙马厌烦地猛然举起双手，然后走到酒吧去点了一个三明治。

钱特尔接受了点餐，她感到困惑：“我原以为印度教徒是可以吃牛肉和辣根的三明治的。”

“钟声酒吧的菜单啥时候出现过用活过的东西制作出来的菜品?”他回答道。

“观点公允，”她承认错误，“但是，假如人造肉①或者味精成为神圣不可侵犯的，那么你就会遇到大麻烦了。”

2008 年 6 月 10 日，星期二：劣等生与狼共舞

8 点 15 分，我接到了一个意料之外的电话。我老婆那悦耳动听的高音喇叭在卫生间召唤我接电话，我浑身湿漉漉地去了淋浴室，老婆把无绳手持电话交给了我。电话是沙马打来的，他显然急得就像热锅上的蚂蚁。原因很明显，孚朋通信公司的前身是银行自动转账公司，现在它放了一个重磅炸弹，公司盈利状况堪忧，在股票市场上公司股价正在急速下挫。沙马给我念了公司公告的开头，情况似乎很糟糕。

“股票的价格已经从昨天的 77 便士下跌到现在的 45 便士。我想获得大多数俱乐部成员的支持，马上把股票俱乐部持有的 2 000 股全部卖出，”他说，“迈克同意了我的主张，钱特尔没在家，马丁希望继续持有，哈里也希望持有。”

“有些情况我还没有弄明白，”我一边说着，一边在卧室地板上留下一串湿漉漉的脚印，“这么一家专业从事处理债务问题的公司怎么可能犯下这么严重的错误，让全英国半数的人为此而陷入债台高

① Quorn，植物素肉，由蘑菇提炼制成的人造蛋白质，素食者以此替代肉类食物。——译者注

筑的困境呢?"

"伯纳德，咱们等以后再讨论这个问题吧。你投下的这一票可是关键的一票，就在咱俩说话这工夫儿，我们又损失了2便士!"

可是，就在我同意他的动议之前，我问他俱乐部当时买进这只投资最大的股票的股价是多少。他的回答是300便士，价格高得让人咋舌。当沙马匆匆忙忙跑去完成卖出交易的时候，我不断深思着这样一个事实：俱乐部在单一股票上的损失曾经超过了5 300英镑。虽然我们当时不可能预料到今天损兵折将的结果，可单单这只股票就让我们赔了700英镑。当我的眼睛定格在股票价格走势图上的时候，我们犯错误的真正原因就一览无余了。在过去的12个月里，就在我们一直在钟声酒吧一边啜饮"喷火"牌啤酒①，一边嚼着猪肉烤肠的时候，我们每天都在孚朋公司的股票上面不明不白地赔了几个便士，可是却没有任何人提议应该有针对性地采取行动。真是该死!"人为刀俎，我为鱼肉"。我们这帮股票投资领域的劣等生，在波澜壮阔的金融市场里只能充当那些金融大鳄的盘中美餐。

2008年6月11日，星期三：巴莱特公司住进了临时工棚

在股票俱乐部的会议上，气氛异常紧张。马丁一直倡议买进巴莱特公司的股票，之前价格为140便士，现已随着股价狂跌至50便士，他很想趁机买进这批物美价廉的股票。不过，这会儿他却真沉得住气，一声不吭。我们过去一向以为，他根本没有闲钱进行股票投资，那些参加他的债务重组的债权人同样也没有钱，不过，他显然已经开了一个做点差交易的账户，不久前他在52便士的价位做了一个点差交易，公司股价每上涨1便士他就能赚到10英镑，他希望这只股票的价格能够让他收复失地。

"你难道真的昏了头?"钱特尔说，"你不知道那种钱你根本赔不起?如果这个计划破产了，你至少要赔500英镑呀。"

马丁才不听她的，越过沙马的肩膀，他正盯着膝盖上的笔记本

① Spitfire，英国传统啤酒之一，全称为Spitfire Premium Kentish Strong Ale。——译者注

电脑屏幕，上面显示着股票行情，他的眼睛只看那些蓝色的股价信息，这全是价格上涨的股票。他正在为他的股票加油助威，仿佛它就是两千几尼赛马大会上的那匹马踏飞燕的“沙漠野兰”[①]。他似乎已经忘记了，巴莱特公司根本就不是一个可以押注的赌博筹码，而是成千上万员工的雇主，也是政府规划建设几百万套保障性住房的重要建设单位。

那些事情我也说不清。我的手机响了，来电话的是我自己的点差交易经纪人。我在能多洁公司股票上的空头卖出仓位仍然在不断赔钱，我必须再掏出更多的钱当做交易保证金，才能保证我不被强制平仓。我不愿意终止这项空头仓位，同时再赔上 108 英镑。

戏剧尾声：在我赔钱的同时，马丁赚了 200 多英镑，因为巴莱特公司的股票收盘价格收在了 75 便士。他有点儿洋洋得意，但是我却只是担心这一次成功会激励他参加更多的赌局，而这种赌博他是赚得起却赔不起的。

2008 年 6 月 13 日，星期五：爱尔兰炖菜

不得不好好地嘲笑一下今天的早间新闻。爱尔兰人并不买《里斯本条约》[②] 的账，于是新的欧盟宪法吃了闭门羹。虽说议事规则要求这个欧盟宪法必须获得全票方可通过，不过，欧盟的官员们还是用那种一贯的、不容分说的风格，拒绝承认这一制宪进程已经寿终正寝。“他们这是怎么了？”他们似乎想说，“作为欧盟历史上最大的受益方，现在爱尔兰人居然忘恩负义，恩将仇报地咬起了他们的恩人。”这些官员没有理解的是，如果有一个人不断地对别人说，某种

---

① Desert Orchid，沙漠野兰，英国赛马的象征，以勇敢刚毅见长。Two Thousand Guineas，两千几尼赛马会，英国五大经典赛马赛事之首。——译者注

② “The Treaty of Lisbon”，2007 年 12 月 13 日由欧盟各国首脑在里斯本欧盟非正式首脑会议上签署的欧盟新条约，2009 年 1 月生效，同年 11 月 3 日 27 个成员国全部批准该条约。——译者注

东西对他们是有好处的，特别是他们并没有理解这东西的时候，他们一般都会恩将仇报的。

说到这个问题，尤妮斯把我平常早餐吃的法兰克·库柏牌果酱面包改成了半个柚子面包，上面还粘了一些坚果和一些像是谷壳之类的东西。我甚至都没有资格获得公民投票的权利。

“这是什么东西?”我问，用茶匙戳着这令人厌恶的东西，然后果汁就溅了我一脸，并且溅到了我的眼睛里。

“咱俩曾经说起过这个东西，伯纳德，难道你不记得了？当时，你最近一次的胆固醇化验报告说你的胆固醇过高，你同意改变一下饮食习惯。记住这句老话：不吃饱和脂肪酸，要吃不饱和脂肪酸和一元饱和脂肪酸。”

“你这到底都是说的啥呀，我怎么一点儿都不记得？难道一个可怜的男人就不能舒舒坦坦地吃上一片蘸着果酱的吐司面包吗?”

“你想舒舒坦坦过日子，这无可厚非。这种健康食品正是能够帮助你延长健康的生命的东西。”她说。

“无疑，这种食物会让我毛皮光溜，鼻子潮乎乎、湿漉漉的!”我反驳道。“好了，我不是一条该死的狗。我不准备吃这种东西。”

“但是，我这也是为了你好呀!”尤妮斯温柔地说。

“你看，我并不想长寿，因为我可付不起长寿的生活费用。我希望短寿，我想怎么生活就怎么生活，不用别人说三道四地教训我。”

2008 年 6 月 14 日，星期六：疲软、绵长而强劲

恩施莱花园那里的伙食规定简直像是疯人院，于是我从那儿逃跑了，跟我老妈待了一个上午。当然，就疯癫程度而言，这简直就像从一个微热的煎锅跳进了印度钢铁大王米塔尔的炼钢高炉。这个老糊涂虫继续储藏食品杂货，因为她担心通货膨胀，纳粹德国的空军，甚至还担心我想也没有想到过的东西，包括由阿拉斯戴尔·达林①领导的工党一党专政的国家。她已经在后面卧室里的 12 层安得

① Alastair Darling，现任（2009 年）英国财政部长。——译者注

利牌卫生纸的包装箱里建造了一个温蒂小屋[①]，她现在就住在里面，弄了一个睡袋，一个毒气面罩，还有她那个老式无绳电话以及17个过期的巧克力复活节彩蛋。我还看到，一罐罐已经被砸扁了的“小碎碎牌”狗食。

“妈，这个东西是干什么用的？”我一边说，一边指着1970年代的狗食，“是不是克莱门特·弗洛伊德[②]要来家里喝茶了？”

“你说什么？”她说，“不是的，如果他们使用大侦探犬来找我，我就用得着那个东西了。如果我给狗喂点儿吃的，它们就不会攻击我了。”

“谁在找你？”我问。这个新的妄想偏执狂有些奇怪，这已经与她其他的混乱思想搅和在一起了。

“是阿拉斯戴尔·达林。他知道我没有投票给他，而是投票给了另外一个人。他那些参过战的老兵什么人都攻击，他们还擅自抢夺别人的农场。电视上就是这么说的。哎呀，我可以明白地告诉你，每次当我听到勋章发出叮叮当当的金属撞击声，我就会扭头看看我的肩膀上面有没有咸猪手，当时我对于英国大军可谓是敬而远之。”

我目瞪口呆，茫然地盯着她看了好一阵子，经过一番困惑不解的思索之后，才明白是怎么回事。“多蒂，那条电视新闻不是关于英国或者阿拉斯戴尔的新闻，亲爱的妈妈。那是津巴布韦以及津巴布韦政坛‘不倒翁’罗伯特·穆加贝（Robent Mugabe）的新闻。你现在住在艾尔沃斯，离那儿很远，安全得很。”

2008年6月15日，星期一：浮亏加大

一天之计在于晨。今天早晨的瓢泼大雨可真够让人难受的。赫米斯这只猫尖叫着，她想在早晨6点之前进到屋里来，我准备擦洗一下她的爪子。她讨厌别人给她擦洗爪子，要么是老想抓我，要么

① Wendy house，供孩子们玩耍或者储藏物品的小屋子。——译者注

② Clement Freud，心理学家弗洛伊德之孙，英国国会议员。他人生丰富多彩，曾是第二次世界大战的战士、主持人、作家、厨师。曾为Minced Morsels等几家狗食品牌做过广告。——译者注

至少也要发出嘶嘶嘘嘘的声音。这回，她看了一眼那个脏兮兮的毛巾，然后跑上楼去了。正如我预料到的，我看到她四肢伸展地躺在她的女主人身边，下面铺的可是价值 79.99 英镑的天鹅图案的埃及纯棉床单，这床单是两天前我们从德本汉姆百货买来的。她留下了一串清晰的足迹，床单上面全是脏兮兮的爪子印，现在她侧躺着，懒洋洋地向我眨眼，并且打着哈欠，似乎在说："要是弄醒了专制的女皇，受到斥责的就是你而不是我了。因为我是猫科动物的王室成员，是要人们宠爱与抚摸的。你只是我王宫里的一名仆役。"

尤妮斯正处在深深的梦乡，发出的鼾声就像是一头狼獾漱口的声音。我考虑了一下是不是可能把猫和老婆伸出的手臂下面的床单给取出来，然后先给洗一洗。假如那些污点干了，并且不能更换，我知道会发生什么事情。我只是无法给尤妮斯找出一个借口，再购买更多的家纺产品，即便这是用来帮助弥补一个私有公司普通股最伟大的全部买下的失败。如果德本汉姆百货没有拥有自己的商场，而且债务缠身，我并不希望琼斯一家介入这种将优先股发给股东作为红利的行为。

轻轻地，我从床的下面开始卷起了这块床单没有被压住的地方。这只猫用眼睛怀疑地看着我，随着床单在她四周滑落，她警惕地竖起了耳朵。最后，她用她的魔爪打手势，阻止一切移动。尤妮斯咂巴咂巴嘴唇，翻了个身，猛地抡过来一条杂色斑驳的、开始显得松松垮垮的手臂，放在了床单上面。没有重型起重机，一切都白费力气。我向那只猫扮鬼脸作苦相，那只猫打着呵欠，轻蔑地看着我。是的，我们两个都知道我一定要为此受罚。

为了安慰自己，我悄没声响地走进了柠檬斯坦，股票市场已经开市，我需要观察市场行情。这真是太扫兴了，我拥有的所有股票的价格几乎都在下跌。甚至我跟老妈的 DotCom 基金也被当前这种萎靡不振的情况搞得死气沉沉，必和必拓公司以及英国天然气集团的股价双双都低于我的买入价格。我所拥有的最接近于上涨的股票是达美乐比萨。啊，好吧，这也算是小小的天意仁慈了。

我信步走进厨房，然后把水壶放好。一时奇想，我迅速地瞅了一眼尤妮斯的钱包。嗯，我从来也没有那么快地检查过她的钱包。这里头东西可真够多的！即便你乘坐公共汽车在导游的指导下走马观花地检阅这个钱包，你都需要花两个小时才能浏览一遍。我看完了里面有每种欧洲语言的解说词版本，可是，我还是没有发现里面有任何花销凭证的影子。不过，我确实找到了德本汉姆百货商场的购物券。然后，我想尽办法想要让它被“意外地丢弃”，我把它撕成50个碎片，并装“入一个空的养乐多酸奶罐里，然后把它扔到了垃圾箱里面。按照他们对于采购物品的收费标准，这个行动很可能是我几个月以来最好的投资。

2008年6月20日，星期五：盖茨的告别仪式

今天比尔·盖茨从微软公司退休了，现在他要花更多的时间从事慈善事业了。他的目标原来不只是给每个桌面上都放一台个人电脑，而是让我们全都依赖于这该死的电脑，慢慢地把我们逼疯，因为电脑带来的新的设备需求真是让人气愤。比如说，在过去三天里我的电脑一直要求我给它下载某种安全系统的更新文件。去你的吧，这是我的回答，用你自己的时间做吧。但是，电脑不断地要求，要求，要求，大多数小孩子那种纠缠人的本领都比不上电脑。电脑坚持不懈地抛出各种各样的“对话框”，这些选择项目花样繁多，连爱因斯坦都会感觉困惑不已。“这个电脑操作系统出了一个问题。你愿意马上关机吗？这样做你会丢失输入的每一份数据”，或者“难道你愿意明天再关闭系统，但结果却是一样？”，或者“难道你愿意让网络罪犯把你的网络银行信息都一网打尽吗？”，诸如此类。我要选择第四种选项——把那台该死的电脑的电源拔掉。我很想知道盖茨本人是否也遇到过这样的难题？

午前茶点：在霍恩比玩具抽屉里寻找安慰，我发现我的葡萄干馅饼已经被人拿走了。在原来存放葡萄干馅饼的地方，现在放着一个可怕的绿色灯芯绒手雷。

“嗯，这是什么东西呢？”我一边说着，一边拿着这个讨厌的东西走到厨房后面，“我的馅饼哪儿去了？”

“猕猴桃对于你来说要好得多，”尤妮斯有气无力地说，“我把那

些讨厌的、含糖量高的心脏堵塞物质都挑出去给鸟儿吃了。”

“真是该死！”我忍不住吆喝着，跑进了花园里面。这里有5只麻雀、两个黑鸟和一个只有一只眼睛的乌鸦正在鸟桌子上发出抱怨的尖叫。在鸟儿起飞的最后一刻，这个偷吃腐肉馊饭的小偷把最后半个葡萄干馅饼叼在嘴里，然后逃到了奥里奥丹家温室的屋脊上。总算安全地离开了我，它发出胜利的叫声，狼吞虎咽地吃下了我最后的午前茶点。我被气得无话可说，捡起了一个陶瓷的花园仙子，这是某个昏头昏脑的姑妈在20世纪80年代给尤妮斯购买的，然后向那只乌鸦扔去。玻璃破碎的声音还有某个奥里奥丹家人臭骂的声音突然让我意识到了某种更深刻的东西。在一个能量创新爆发的瞬间，我实现了长期以来想要实现的目标：我把一只乌鸦吓跑了，解决掉了一件丑陋的工艺品，同时惹火了那个自私自利的邻居。

第17章 抽屉咬指头

2008年7月1日，星期二：坦菲尔德大跳水

我是多么快乐，去年我便卖出了手中持有的坦菲尔德公司①的股票，当时的卖出价格是120便士。我可能错过了到达200便士的最高价格，为这事彼得还把我数落了一番，他说我没有弄明白形势比人强这个道理，追涨杀跌的趋势投资才是最值得我信赖的投资策略。不过，至少我获得了不错的盈利。假如此后我还继续一路持有这家公司的股票，等到有了相对轻微的盈利预警，那我也会赔个精光呀。股票价格一天下跌83%似乎有点儿过于严重，因为我们要考虑到毕竟这家公司还并不至于要到负债经营的地步。这家公司现在赚钱要比我卖出其股票的时候多一些，但是人们以为它的股票每股只值5便士。或许这值得赌一把？

午前茶点：我全神贯注地思考这种可能性，我在书斋里面狼吞虎咽了一块新鲜的奶油面包。不幸的是，我被突然逮住了，因为特别分队（糖果部门）向柠檬斯坦发起了突然袭击。正当我要把证据塞回到霍恩比玩具抽屉的时候，尤妮斯以惊人的速度斜靠在写字台上，我赶快关上了抽屉，可是我的手指被死死地夹在了里面，疼得我直咧嘴。

“哎呦喂！你这是要切除我的手指呀，你这个老巫婆！”

“那么，伯纳德，假如我们假装是在沙特阿拉伯，好吗？”她说。整整过了10秒钟时间之后，她才把我的手释放出来。

“我以后再也不能打字了，”我呻吟着，举起了我那颤抖着的手指，“看看我的手指，你看看。”

“死不了人的，”她说，“另外，假如我把它们切除了，你就会得到一个速记员②的好差事，不是吗？”她傻笑着。她发现了抽屉里面剩下的那个新鲜奶油面包。“好呀，好呀，好呀。每咬一口都是对你心脏的一次重击。”她说，同时用一个怀疑的手指戳那个东西。

① Tanfield，英国汽车电池行业的上市公司。——译者注

② Shorthand，双关，一是“短手”，一是“速记员”。——译者注

"看看，里面有一个草莓面包，还有一个猕猴桃面包。那可是我一日五色蔬果搭配的水果呀。"

"你从来都不曾缴械投降，是吧，伯纳德？"她说，"永不服输，永不投降。"

2008年7月2日，星期三：沙马准备放手一搏

股票俱乐部的每个人都感觉心情异常沉重，因为股票市场似乎在一天天、一周周地不停下跌。可是，沙马坚持认为大家应该搞一次聚会。

"你都一连说了好几周了！"哈里说，"那是仲夏时候，所有的有钱人都在亨莱海滩[①]或者温布尔登[②]避暑。什么事情让你认为市场即将反弹？难道不是那个同样的见解曾给我们带来过诺森罗克银行这个不可思议的便宜货？"

沙马眼睛望着天空："你能不能别再揪着别人的小辫子不放，哈里？难道你不记得我曾给这个俱乐部提供的那些市场情报？更别说你们到现在还在使用我的笔记本电脑了。"

"确实如此，"马丁说，"你现在是有点过于苛刻了。"

"无论如何，"沙马说，"看看这些图表。英国金融时报100种股票指数，实际上还包括标准普尔500种股票指数都已经反弹脱离了关键的图表支撑位。市场投机者是卖空过度了，在如此多的连续下跌之后，股票价格应该在一两周之内反弹。"

"好吧，神奇的占卜师，有关下午4点20分开普敦公园赛马场发生的事情，你那个占卜用的水晶球里有没有什么可靠的消息？赢得比赛的马匹应该是大家最喜欢的'都市男孩'呢，还是我应该下注给赢率达到50倍的、名叫'三条腿'的那匹黑马？"哈里问。

---

① Henley，亨莱海滩是避暑胜地。——译者注

② Wimbledon，温布尔登因其一年一度的网球公开赛而闻名，一年四季都是度假胜地。——译者注

“这也不是什么千里眼，这只是基本常识。在买方入市的时候英国金融时报 100 指数的点位大约为 5 450 点，这种情况以前出现过两次，现在为什么就不可能呢？”

“因为现在一切都更加糟糕，”钱特尔说，“房地产价格在走低，没有人能够得到抵押贷款，而且由于通货膨胀，利率那个经济调控的利器已经瘫痪了。甚至我爸爸这样的人都注意到，废料金属材料的需求下滑了。”

“可能事实是这样的，但是那个预期已经体现在价格中了，因为我们上次在这个低位也是这样，”沙马说，“无论如何，我都要通过买进苏格兰哈利法克斯银行配发的优先认购权证，把我的钱放在我最放心的地方。”

“现在，情况是这样的，”哈里说，“正当你以为应该重新信任一家银行的时候，它很可能就变成了诺森罗克第二。”

“不，哈里，”沙马说，“按照目前我持有的股票数量，在这次股票增发过程中我得购买 1 500 股配发的新股……”

“你肯定在这上面赔了不少钱。”哈里反驳道。

“确实是这样。但是，目前这些股票是以未付款形式交易的。它们只是以每股 275 便士购买的股票授权书而已。如果苏格兰哈利法克斯银行的股票价值上升，我认为它们会上涨的，那么这些未付款股票上涨速度会更快。它们现在的交易价格只有 7.5 便士。”

“稍微等一下，”我边说边翻阅着《金融时报》，“苏格兰哈利法克斯银行的普通股昨天晚上的收市价格为 269 便士，这已经低于你要花钱购买新股票的价格。这意味着这些未付款股票根本就是废纸一张。”

“啊，它们可能已经没有内在价值，可是它们确实具有时间价值。就好比是一个认购权证或者买卖选择权证①。”沙马说。我们其余的人都怀疑地互相对视着，无论他费了多少口舌给大家解释，我们仍然疑惑不解。

---

① Warrant，由上市公司发行，保证购买者未来行使认购新股的权利，此时总股本增加。Call option 由公司当前股东发行，购买者行使认购权时由股东以约定价格转让，总股本不发生变化。——译者注

2008年7月3日，星期四：马莎百货的火花

我一边享用美味的早餐，一边阅读马莎百货公司那些令人大失所望的销售数据。我一直认为圣迈克尔公司的股票价格被过于高估，产品质量则是过度蒙人。假如我选择更好一点的时机卖空这只股票，那么我现在也该能赚到一点儿钱了。

"你看来很乐观呀，伯纳德。"尤妮斯一边说话，一边放下了手上的《每日电讯报》，然后隔着餐桌看着我。"是不是阿拉斯戴尔·达林已经引入了铁路模型暂停交税的税务豁免权?"

"很不幸，没有。斯图亚特·罗思爵士现在正在承受心理的重创。就在4年前，他白白地错过了菲利普·格林[①] 400便士的出价，现在股票价格已经下跌到了250便士。股东们一定是在踢自己，因为他们没有接受大英家居商场出让的资产。"

"啊，不，伯纳德。大英家居商场真是一家非常沉闷的商店。另外，我也不喜欢那个叫格林的家伙。他看上去太普通了。"

"啊，是的。他只是一个普普通通的亿万富翁而已。"我回答道。

"嗯，如果你有那么多钱而且生活在像摩纳哥那样的避税天堂，这当然是普普通通的。"

"那么，普普通通显然意味着精明强干了。假如我有10亿英镑，我就要到南极洲生活，那样就意味着首相无法染指我的钱了。"

"好了。从那些大英家居商场的拖鞋的质量情况来判断，你坚持不了10分钟。脚尖部分已经有一个洞，那么你就会被冻伤了。至少你可以信赖马莎商场的商品质量与服务。"

"胡说八道。他们不会召回那三包该死的格子图案的男式平角短裤，是吧?"

"伯纳德，你已经穿过它们了！没有哪个公司会出售别人穿过的内衣，甚至普莱马克服饰公司也不会做出那种下三滥的事情。"

"我没有穿过，我只是试穿了一下。"

"伯纳德，你总是试穿。我永远不会忘记，有一回你想把一件穿了4年的褪色的橘红色紧身睡衣退回马莎商场，因为它已经没有弹

---

① Philip Green，英国时装及零售业大亨，一个迅速发家的暴发户。——译者注

性了。”

“1979年的《商品销售法》规定……”

“别管那个！当时你故意在商店中央穿上那条裤子，为了让销售小姐知道，它们根本提不起来。我从来没有如此尴尬过。”

“可是这确实有效果，不是吗？”

“好了，为了把你弄出那个商店确实值得给你退回全款。你当时看上去就像一个从古巴关塔那摩监狱里出来的逃犯。”

2008年7月4日，星期五：随机漫步式遛狗

杰迈玛和她那黏黏糊糊的男朋友托比整个周末都没有在家，他们让我照管他们那只一岁大活泼好动的，名叫“纳斯达克”的黑色拉布拉多犬。像平常一样，这个安排决定下来只用了大约4分钟的考虑时间。不管怎么说，这只猎狗还算是个开心果。我让它在温室的地板上滑来滑去追赶一个皮球，然后我有了一个主意。多年前我曾经读过一期《华尔街日报》，上面说，一队猴子投掷标枪，做出的股票选择要比一群专业人士选择的股票还要好。于是我就猜想，纳斯达狗，我开始这么叫它的名字，也可以为我选择好的股票。麻烦的是，纳斯达狗不会投掷标枪。我取出了一些旧的《金融时报》，然后把股票价格页面都放在温室地板上，想着我们如何可以实施这一计划。我现在有2 000英镑，股票市场这么疲软，一定会有某些值得购买的便宜货。或许纳斯达狗可以帮我找到它们。我开始往这些报纸上面投掷乒乓球，然后叫他去拿回来。遗憾的是，由于过于热情，它在地板上滑来滑去，把几张报纸撕成了碎片，最后把这个皮球也咬成了碎片。

于是，我卷起一张纸，把它扔到温室另一头儿，让纳斯达狗去拿回来。我正在预期着它会在具体的某个股票上留下一个清楚的咬痕，却发现这一团纸已经被狗嚼得湿淋淋的。我可能有些困惑，但是纳斯达狗却玩得很高兴，它看到我把纸卷了起来，尾巴像雨季里的汽车雨刷器那样摇摆。

门前传来高跟鞋滴滴答答的声音，这声音宣告尤妮斯经过一天“辛苦”的超市抢购活动，现在她回来了。我迅速地瞅了一眼，地板

上到处都是被小狗口水浸湿的报纸，这让我把心一下提到了嗓子眼儿。纳斯达狗完全赞成我上前迎接，但是，我更喜欢打个伏击。我赶快抓住那条狗然后把它藏在沙发后面，一只手捂住了它的嘴。

我们听到了滴滴答答的声音，这种滴答声是尤妮斯的高跟鞋敲击硬木地板的声音，既缓慢却又专横跋扈，接着听到尤妮斯自言自语地抱怨这一团糟的情况。纳斯达狗，呜呜叫着，扭动身子，几乎无法克制自己，因此尤妮斯很快就发现了我们。

“伯纳德，你藏在那下面干什么呀?”她说。

“我在训练这只狗。”

“但是，它已经知道如何制造混乱场面了呀。你正在教它干什么呀?”

“我打算让它成为一个伟大的投资者，比巴菲特还要棒。我们打算联手打败市场。”

2008年7月6日，星期日：新皮球，有请！

每年这个时候，尤妮斯喜欢邀请严格的素食主义伙伴厄姆格德和专注于抵制有轮垃圾筒的邻居达芙妮到家里来看电视。

在我们回家的路上，我从那些眉目传情的密友旁边踮脚走过，带着纳斯达狗向花园走去。在花园的小棚里我找到了15个褪色且缩小的网球，我过去常常试图使用网球这个花招吸引13岁的杰迈玛从房间里出来，从而防止她沉迷于那些流行的、不健康的深情哼唱群体。现在这个花招当然不灵了，因为我拉伤了背部肌肉，此时我们第一次训练才刚刚开始15分钟。

现在这些网球已经派上了用场，我想用它们重新创造一种“猴子与标枪”的股票随机选择试验。如果我把一个股票市场版块的名字写在每个网球上，从花园一侧的一个桶里投掷出去，那么我就能够让纳斯达狗去捡回来一个网球。用笔把它们的名字都写在网球上，这需要半个小时，整个过程都由这只淌着口水的过于兴奋的狗看着。我刚刚做好准备，尤妮斯就从温室里出来了。

“伯纳德，你妈妈来电话找你呢。她说她的电视机只能收到英国广播公司的儿童类节目，但是她想看网球天王罗德·拉沃，还有迈克尔·杰克逊的‘比利金’……”

“啊，上帝。我已经不厌其烦地告诉过她，改变频道就用遥控器，而不要碰电视机后面的开关电线。她会把自己电死的。”

“看看。你能进来跟她在电话里说吗？她都快把我逼疯了。啊，你进来的时候，请你把水壶放好，好吗？还有，你看，纳斯达狗都干了些什么。”

于是我停下了我正在做的事情，走了进去，接听我疯狂的母亲的电话，然后沏了一杯茶。最后，我还得跟在杰迈玛的狗后面整理。这是什么日子。别再抱怨了，伯纳德，难道你真的要把剩余的人生浪费在对女人的话唯命是从上吗？非常确定的是——确实如此。

2008 年 7 月 7 日，星期一：1955 年的日用电器风格

在母亲的家里度过了令人愤怒的一天。她抱怨她错过了网球比赛，因为电视机爆炸了。

“下一回我想要一个英国的电视机。这个日本电视机是垃圾。”多蒂一边说着，一边看着她用了 10 年的索尼电视机。日本即时制造的所有积极性的宣传，包括把这说成是工业世族精神以及国家精密技术优势，在我母亲身上失败了。或许这就是为什么她打烂了那台电视机。

“用螺丝刀捅电视机上的通风口，哪个电视机还能有好儿。你可不能再做这样的事情了。”我说着，检查了已经部分融化了的显像管后盖。

“我当时想要换台。”

“妈，我已经告诉你一千遍了，现在我再告诉你一次，你必须使用遥控器。你不能像过去在 1955 年的布什电视机上面那样调台了。”

“但是，遥控器用不了呀，伯纳德。你看看。”她用遥控器指着电视屏幕，然后随便摁了几个键。

“现在它不好用了，因为电视机已经坏了，不是吗？另外，你拿遥控器的方法不对，前后颠倒了。”我说。

“但是，我怎么知道呢？遥控器前后两端都是一个样子。”

“不，不是这样的，妈妈，拿它的姿势应该是让有字的一面朝

上。你看。”我给她展示了如何拿遥控器。

她从我手里把遥控器抢过去，然后又摁了几个键。“你看看，就是像你那样颠倒过来也仍然不好用呀。”

“现在它当然不好用啦！那是因为该死的电视机已经坏掉了。刚才我已经告诉你了，你这愚蠢的女人！”

“伯纳德，干吗要诅咒人呢。假如不是你发飙，你怎么会把它弄坏呢，你说，它会被弄坏吗？”

这时候，我真的发脾气了，使劲地踢这台电视机，这时电视机从底座上掉了下来，砸到了我的脚上。

戏剧尾声：在候诊室里等待医护人员给我的脚缠绷带。坐在我旁边的一个人正在读晚报，上面说英国金融时报指数已经跌到了5 400点左右。其中一个图表曲线分析家说我们可能在此处获得反弹支撑。我确实希望如此。我的股票今年下跌了23%，几乎没有剩下什么钱来购买其他便宜的股票了。

2008年7月8日，星期二：跟着狗狗选股票

尤妮斯这个购物狂外出购物去了。（怎么还是购物！）我又开始进行和纳斯达狗做的功课。我把标有名字的网球都放在桶里，然后尽力把球抛得很远。纳斯达狗跳起猛追，从灌木丛中跳进跳出，最后捡回来一个网球。这会是一个银行股吗？还是建筑行业或者地产股票？然而，该死的狗现在似乎有点舍不得自己选择的网球，不想让我拿到网球。它认为，假装把球丢在地上才是更有趣的，只是最后一刻才改变主意，然后让我追着它丢弃的网球跑。

最后，我终于拿到了那个沾满狗口水的东西，轻轻地从它咆哮的嘴里取了出来。上面写的是什么？史莱辛格牌网球拍，别的什么字迹都没有了。我仔细审视了一下，无论如何这并非我的网球，或许这是该死的奥里奥丹家的，所以我假装把它扔回到灌木丛里。狗

却爱上了它，飞跑回去，像一个大型的黑色的橡胶包裹一样跑到了花园另一端。这回它确实捡回了一个我的网球。上面写的是化工行业股票。好吧，这有一点不太鼓舞人心。我重新又给网球上面做了标签，但是这回每个网球上写的名字是化工板块的一只股票的名称。

纳斯达狗捡回了哪个网球呢？柔特泡沫公司生产的网球。我以前甚至从来没有听说过这只股票。我到公司网站上看了看这家公司："全球龙头企业，专攻交联方块泡沫橡胶。"非常诚实地说，我也就这点能耐。现在我在一个进退两难的境地。我已经获得了 2 000 英镑准备投资，但是我不能确定柔特泡沫这只股票是否真的能够让股票市场的天空闪耀起来。初步研究表明，公司的市场资本不到 3 000 万英镑，市盈率有点低，在 10 倍以下。一年以来，这只股票一直在下跌，但是分红收益有 6%，基本没有多少债务。另外，假如今年股票市场教会了我一样东西，那就是我自己的判断能力并没有打败市场。或许狗的判断能力能够更好地为我服务。因此，我上网把我辛辛苦苦赚来的钱在 82 便士的价位购买了这家公司的股票。

2008 年 7 月 9 日，星期三：内幕消息

我们到股票俱乐部，沙马像大家一样也有些忧郁。哈里马上开始用酒精刺激他，这个技术他早已精通。

"那些可爱的苏格兰哈利法克斯银行未付款的股票表现如何？"他问，"你的钱是不是已经翻番了呢？"

"没有，"沙马回答道，"昨天我忍痛割肉了，赔了 40%，显然反弹的机会已经没有了。"

"那种东西完全都是凭空幻想的，不是吗？"马丁说道。他这个人即便再骄傲，也没有五十步笑百步的理。"我确实买进了一个便宜货。我从姐姐那儿借了一些钱，然后买进了 3 000 股柿园地产公司[①]股票，价格是 217 便士。她的房东的嫂子的男朋友为这家公司工作，原来是公司里的一个瓦匠，2006 年因为公司裁员他才下岗了。他说，这家公司的股票才是地道的便宜货。"

---

① Persimmon，英国最大的房地产建筑、开发企业，上市公司。——译者注

“又一个从董事会办公室来源得到的高质量内幕消息。”钱特尔低声说，这时她正坐在吧台后面抹干洗过的酒杯。

2008年7月10日，星期四：炽热的流星

我又开车回到了多蒂的家，带她去购买一台新的电视机。我们去了彗星公司[①]在当地的仓库，这里的每面墙上都排列着巨大的电视屏幕。唯一的障碍是每台电视机都调到了同一个频道。这个节目大概是大卫·艾登堡[②]主持的，因为屏幕上摇摇晃晃地走着的是一个雌雄同体的嘎嘎怪笑的雪人[③]，这个雪人显然穿的是戴有牛津乐施会[④]标志的服装。

“这个到底是什么牌子的电视机？”多蒂问。

“这是拉塞尔牌的。”售货员解释说。

“噢。这跟我老式的茶壶是同一个品牌，”她点点头，“它们已经拓展新产品领域了，是吧？我过去听说他们还做过电烤箱呢。”

“不是的，妈妈，你说的是拉塞尔·霍布斯那个品牌。”我一边说着，一边咨询售货员，我们能不能换个频道看看。最后，我们带着多蒂离开了那些40英寸的宽屏幕大型电视机，来到那些更符合老年人风格的电视机旁边。

“可是，这些电视机全是塑料制成的，”多蒂抱怨着，“难道他们这儿没有木制的电视机吗？我的第一台电视机就是木制的。价钱只有30英磅。我的意思是说，你瞧这些电视机的价格都太贵了！”

“那台电视机的屏幕只有10英寸，声音噼噼啪啪的，听起来就像是有人从新几内亚打来的、对方付费的越洋电话。”我说。

“那好吧，我还是买台英国产的电视机好了。”她说。

那个售货员似乎面露难色，不过，他咨询了店面经理，于是那

---

① Comet，瑞士日用电器生产商。——译者注

② David Attenborough，著名的生物学家，英国BBC最著名的自然生态节目主持人和制作人。——译者注

③ 据报道生存在喜马拉雅山高处似人或似熊的巨大长毛动物。——译者注

④ Oxfam，Oxford Committee for Famine Relief的简称，即牛津饥荒救济委员会（也译乐施会）。——译者注

个经理就过来了。他说，过去威尔士曾经有几家电视机厂家，但是现在大部分电视机生产业务已经转移到了东欧国家。他承认，JVC电视曾在苏格兰设有生产基地，飞利浦电视也在英国东北部设有生产基地，不过，早都关停了。“那么，比利时的电视机怎么样？我们有一种便携式电视机，是在比利时生产的。那种电视机可以吗？”他问。

最后，我们决定购买一个看起来结实耐用的松下纯平电视机，价格为200英镑，台湾制造。我贴近多蒂耳朵里小声耳语说，这种电视机的产地其实是在“戴湾”，威尔士中部的一个新型生态城镇，她这才同意了。

2008年7月13日，星期日：一切烤焦，煳味弥漫

今天应该是黑色星期五才对，倒霉的13日。天空阴沉沉的，有种不祥的预感。事情或许还会变得更糟。面包烤箱在制作早餐时突然发生故障，所以我们不得不改用烤架烤面包。我烤了四块面包，因为阅读《长线投资者》杂志分心，其中最后两片面包被我烤糊了，随后我不得不把最后两片面包销毁了。在得到“窗户清洁剂老巫婆”的命令之后，我又重新察看了一下她的洗衣机，它经常漏水，次数竟然要比英国军情五处泄露情报的次数还要多。我没有找到洗衣机有什么毛病，但是当尤妮斯把厚重的床单被褥放进去做洗衣试验的时候，情况不妙，洗衣机发出了嘎啦啦的怪叫声，这一下洗衣机彻底不工作了。后来，她派我去用吸尘器把厨房地板上烤煳的面包屑给清理一下。我们那个伊莱克斯牌吸尘器即便在正常情况下也像一只得了哮喘病的蜉蝣，只有很小的吸附力。可是，这一回它却突然发出了咯咯吱吱的轰鸣声，随后也死翘翘了。

“哎呀，这到底是怎么回事？”尤妮斯说道，我则是开始用英国佬的风格详细地责备这台该死的机器。

“那个该死的东西刚刚罢工了。”我说。

“啊，不！伯纳德，还是的，假如我们当初买一台戴森牌[①]的吸

① James Dyson，詹姆士·戴森，英国工业设计大师，戴森公司的创始人。——译者注

尘器，哪会出这种事情呢，”她说，“无论如何，都怨你太抠门儿，不是吗？”

“你这是什么意思？这种吸尘器的零售价差不多也要200英镑，这价钱还不够贵吗？”

“或许吧。但是这种型号2006年在萨莫菲尔德超市才卖130英镑。你当时说，这回咱们可拣了个便宜货。由于运输时跌落箱子压坏了，所以它才是以特价品的价格出售的。难道你不记得了？毫无疑问，在彗星公司、克里斯电器超市和迪克森电器连锁店都会采取这样一种销售策略，它们必须面对你这样的吝啬鬼。”

“好吧，电器市场本来就是一个自由竞争的市场，各家超市自然想挤进这个市场了，”我一边说话，一边开始检查吸尘器的插销，“机器还是好的，只是保险丝给烧坏了。”

“那种烧焦的气味可不怎么好闻，伯纳德。我想，在欢乐的购物天堂上空弥漫的那种气息可能就是这种白热化的气味。”

“化石爱好者要想找到这种气味也许还得花上个一两千年的时间。我的意思是说，我们应该让大卫·艾登堡的节目制作人员过来把这个事情编进他们的节目。上星期是微波炉坏掉，你的发夹坏掉，我的电子剃须刀坏掉，今天又有这么一档子事，自从白垩纪恐龙灭绝以来这恐怕称得上是规模最庞大的物种灭绝事件了。”

“啊，对的，”尤妮斯回答道，“我可以在节目中看到这样的标题新闻：‘地球上的生命末日来了，人类灭绝，伯纳德·琼斯抱怨。由于他十分吝啬，不愿意为长达50亿年的保修期付款。’另外，我想你肯定会说这完全是由于彗星碰撞地球引起的可怕后果。”

2008年7月14日，星期一：巴士底狱纪念日的大屠杀

今天股票市场下跌到了地板上，下跌速度要比法国皇后玛丽·安托瓦内特[1]那颗断了的头颅落地的速度还要快。大家都说，英国金融时报指数将在未来某个时段下探5 000点以下的低位。这可真够让

---

① Marie-Antoinette，法国皇帝路易十六的妻子，她是一个穷奢极欲的女人，后来被送上断头台。——译者注

人感觉难受的，而且，彼得已经和我们闹翻了，在这种危急时刻我没有他的建议怎么行。

戏剧尾声：反弹力量未能有效集结，市场最终无功而返，回到反弹的起点。

2008年7月15日，星期二：泥沙俱下

市场迅速破位下行，轻松击穿5 200点。我觉得我应该卖点儿什么东西，可是卖什么股票好呢？只有两只股票表现还好，康巴斯餐饮公司[①]和达美乐比萨。在这两只股票也加入快速下跌的队伍之前，我是否应该果断出手呢？或者，如所有权威人士预测的那样，卖掉亏损的股票更好一些呢？我持有劳埃德TSB金融集团[②]的股票已经有许多年了，但是我在股票价格方面的损失要比我从分红中得到的收益多。我想在这只股票上放水，但是与此同时我有可能会错过一次反弹的机会。即便是石油股和矿产资源股都表现得相当疲软。

午前茶点：我一边慢慢地品尝一个巨大的新鲜的长条奶油泡芙，一边重新设计修改阁楼上的一个铁路线的支线铁路。我暂且不思考股票方面的事情，状况太令人失望了。

沙马是苏格兰银行股票的拥护者之一，这只股票也远远跌破了它的发行价。毫不奇怪，他没有到钟声酒吧参加股票俱乐部活动。哈里没来，马丁也没来。只有钱特尔在这儿，在酒吧吧台后面工作。

“事情真是奇怪，是吧？”她一边说着，一边给我倒了一品脱‘喷火’牌啤酒。“我们就这样，现在随着股票价格比一年前便宜了

① Compass，英国餐饮公司，全球500强企业。——译者注

② Lloyds TSB金融集团，由劳埃德与信托储蓄银行（TSB）合并组建，英国大型银行之一。——译者注

20%还多，却没有一个人来俱乐部探讨一下有哪些便宜货可以买进。可是去年夏天，价格高得离谱，我们当时每次开会还是济济一堂呢。”

“这只能表明，我们购买股票的方法跟我们购买面包或者吸尘器有所不同。”我说。

拉塞尔听到了我们的谈话，他悄悄地溜了进来，他的尼龙裤子每走一步都要发出哨子一样的声音。“如果你感兴趣，我可以给你买进折扣达到20%以上的戴森公司的股票。”

拉塞尔显然看到我似乎对此很感兴趣，于是他继续说：“现在它已经恢复正常了，看上去形势很好，这可是形势的新进展。90英镑。”

钱特尔看了看我们两个人，说：“只有那些从来用不着吸尘器的人才会购买便宜的吸尘器。”

“这么说，咱们就说定了，”我独自笑着，“我接受你的建议。”

第18章 对等的待遇

2008年7月17日，星期四：亲吻献给安

啊，快哉！国会的女调查员安·亚伯拉罕终于发布了有关英国公平人寿保险公司①的调查报告！她断定，我们这些受害者已经受到了监管部门以及保险公司方面的蒙骗。我享受的退休保障性年金并不算丰厚，可是，假如法院真的判令公平人寿保险公司必须要向他们赔偿损失的时候，保险公司就会拿我的分红保险单上的钱支付这笔赔偿费。或许，我们这些购买人寿保险的人最后也能得到某种补偿。假如真能做到这一点，我们真应该亲吻那个女人以表明我们对她的感激与崇拜。

戏剧尾声：华尔街金融市场大涨。或许股票市场的趋势真的是要逆转了。我感觉有好长时间都没有这么快乐过了。

2008年7月18日，星期五：要么死亡，要么辉煌

今天股票市场强劲反弹，包括柔特泡沫的股价也有强劲反弹，这只股票从我买进时的价格82便士开始下跌，一度跌到了75便士，可是现在它已经反弹回来了，毫发无损，一切都有惊无险。好你这一条纳斯达克老狗！我或许应该多让这只狗帮我选择股票才好。可是，尤妮斯心里惦记的却是别的事情。

"你看，"她指着《每日邮报》给我看，"政府准备花费2.86亿英镑，扩大消费者的选择范围，允许我们消费者选择自己的死法。"

"呃。假如我们可以选择其他人应该如何去死，这才可能是有价值的。我真希望哈姆斯沃斯兄弟在翻斗卡车逆行的事故中丧命才好。"我说。

"卫生事务国务秘书艾伦·约翰逊根本没有提翻斗货车遗撒的运

① Equitable Life，公平人寿，英国保险公司之一。——译者注

输事故。他说的是济贫院或者养老院的事情。另外，他还说，消费者在病情危重的情况下确实可以得到一次性的 24 小时特别护理服务，护士团队可以抽出时间来照顾你。”

“护士团队，呃？嗯，那可是一个很好的解决办法。”

尤妮斯用蛇怪（传说其目光或气息可致命）的怒目而视给我来了个措手不及。“伯纳德，你快点儿长大吧。你连一个女人都招架不住，更不要说应付一个团队的女护士了。”

“他们很可能会把我杀了，这才是要命的。”我高兴地说。

随后我们就像两个石头人一样陷入了沉默，这提醒我要赶紧转变话题，谈论一些更贴近尤妮斯所思所想的事情。

“这个周末，我要给你购买一台戴森牌的吸尘器。”我说。

“我的天啊。这简直是政策上的 180 度大转弯，这只有阿拉斯戴尔·达林才能做得出来。你不是突然发烧犯迷糊了吧？”她问。

“嗯，我原以为我们当初应该支持一下由英国人控股的民族科技与民族产业。詹姆士·戴森可真是一个伟大的企业家，虽然他已经把生产基地转移到了马来西亚，我想我们应该给他一次尝试的机会。正如你所说的，它的产品质量要比竞争对手的产品质量好得多。”

尤妮斯停顿了一下：“你可真会撒小谎。你已经购买了一台便宜货，不是吗？”

“哎呀，你为什么总是以为……”

“伯纳德，我还不知道你这个老古董的小肚鸡肠。”

“在这个婚姻里已没有任何信任可言了，是不是？”我说。

“好了。我不再过问任何事情了，不过，在吸尘器买回来的第一周你必须亲自出马，使用新的吸尘器打扫卫生。如果这台吸尘器在你违反操作规程的情况下能够撑过这一个星期，那么，我就知道它到底行不行了。”

2008 年 7 月 19 日，星期六：为公平贸易认证而战

我拿起从拉塞尔商场买来的戴森牌机器，开车前往超市。尤妮斯给了我一个清单，这清单比《战争与和平》还要长，不过，我还是计划给它做一点小小的修订。我完全取消了到威特罗思超市购物

的计划，转而到利德超市[1]购买基本日用品。这次购物肯定还要花不少钱，这是毫无疑问的，但是假如是我购物，我就有权按照自己的风格与意志行事，而且价格一定要杀掉一半才行。

在我回家的路上，我的预言得到了证实。

“伯纳德，这种咖啡可不是经过公平贸易认证的咖啡。我在清单上已经明确规定必须购买经过公平贸易认证的产品。”

“这种咖啡也是一样的，在同一个国家由同一批农民种植出来的咖啡豆。价格却只有认证产品的一半。”

“伯纳德，这样做你就是一个执行铁靴政策压迫人民的咖啡法西斯主义者，压迫拉丁美洲的人民群众。”尤妮斯说。

“纯粹是胡说八道，”我反驳道，“公平贸易认证只是市场细化分割中最新的时尚潮流。这纯粹是一种欺骗感情用事的家庭妇女的伎俩，她们想通过加大食品消费方面的支出来赎罪，抵消那种助纣为虐、朋比为奸的犯罪感。”

“但是，公平贸易认证意味着农民们可以获得补偿，消费者额外付出的那一部分钱就是干这个用的。”

“假如农民真的获得了那笔额外的赏钱，他们确实看到了收益，那么你就会让他们种植更多的咖啡，供应过剩的局面将更加严重，潜在的危机是谷贱伤农，价格还会进一步下跌。你不能无视市场供求关系的基本定律。这条铁律永远决定了农民是价格的接受者而不是价格的制定者。”

“这么说，你是相信自由市场的了，这自由市场理论到底对还是不对？”

“当然啦。你知道，这种思想的信奉者当中还有米尔顿·弗里德曼和一个叫什么哈耶克的人，他们也是自由市场思潮史中的一部分。”我看着在厨房桌子上面摊放的食品杂货。“那么，今天晚餐吃些什么呢？”

“嗯，我原打算做个牛排，牛肉腰子馅饼，再加上烤土豆以及花椰菜，然后再吃一点儿悬钩子加蛋白酥皮饼。”

---

① Lidl，德国低价折扣超市，有“穷人超市”的称号，以经营日用小商品为主。——译者注

“了不起。这正是被我称为战斗食品的东西。我完全不需要这种严格的素食主义者的垃圾食品，只要正宗、优质的英国牛排和牛腰子就够了。”

“当然啦，我下厨房的烹饪服务费用为 10 英镑。”

“你说什么！”

“这不是自由市场经济吗，伯纳德？对于做晚餐的时间而言，这还不够最低工资标准呢。当然啦，又没有人拦着你，任何时候你都可以试着做你自己喜欢的饭菜呀。”

2008 年 7 月 21 日，星期一：达美乐比萨不负众望

达美乐比萨的年报数据让我自豪。这只我手里业绩最好的股票已经证明了我持之以恒的投资理念。当你想出去吃饭却囊中羞涩的时候，你可以退而求其次，只用花较少的钱就可以在家里订餐，让快餐店把食物送上门儿来。由于新近开张的送餐点数量猛增，而且全国知名的快餐品牌之间竞争有限，我想大家可以把这种东西称为“伯纳德赚钱秘诀”，许多顶尖餐饮企业虽然同台竞争却也都赚了个盆满钵满。几个月下来，达乐美比萨的股票价格第一次上涨到了 200 便士。

2008 年 7 月 22 日，星期二：社区服务

我想出了一个好办法，可以用来教训一下那些小混混儿和醉鬼。你可以让他们一边接受尤妮斯一刻不停的唠叨与监督，一边不停地使用吸尘器在社区的家庭里打扫卫生。这种社区劳动改造是一种变相体罚，它可以取得曲线救人的效果，这几乎就像接受“水刑”一样令人难以忍受。在我打扫卫生的一个半小时时间内，尤妮斯的嘴一直没有闲着，她一会儿说“不，不要那样干”，一会儿说“不，不，你捡了芝麻丢了西瓜”，一会儿说“你肯定还需要多多练习一下如何使用清洁工具打扫角落缝隙”。由于不堪刑讯逼供，我非常愿意承认自己就是恐怖大亨本·拉登的保镖、他的司机甚至他的手足病医生也好。

更糟糕的是，从拉塞尔·乔公司那儿买来的"新式"戴森牌吸尘器实在是太软弱无能了，它根本无法把那个邋遢女人散落在门厅地毯上的头发给吸起来。它那透明塑胶回收筒已经有一半充满了吸尘器制造商那儿的灰尘和木头刨花。拉塞尔公司说他们就是在这种地方试验这台吸尘器的，不过，我可不能断定这是否属实。第一天，因为吸尘器的弯管缠住了我的双腿，所以我差点儿被绊倒在楼梯上。当时，我把吸尘器拿到了阁楼上面，准备清扫一下那个铺设了铁路模型的阁楼，可是在楼梯上吸尘器的弯管紧紧地缠住了我的小腿。一不小心，我把吸尘器的垃圾小筒给弄开了，里面的灰尘顿时撒了我一身。看到我这副狼狈不堪的样子，尤妮斯感到非常高兴，她邀请达芙妮到家里来观看。她们两个跟在我的屁股后面，给我送来咖啡和姜汁饼干，同时对我的工作进度指手画脚。

2008 年 7 月 23 日，星期三：诡计多端的抵押品

马丁脸上喜气洋洋的。两周之前，他从他姐姐那里借了钱，以 217 便士的价格买进了柿园地产公司的股票，现在股价已经涨到了 350 便士。

"现在是卖出的时候了，听我的话准没错儿。"迈克说。

"还是趁早儿落袋为安吧，"钱特尔也说，"既然你是借钱买股票，那就更应该快点儿出手了。"

"向上翻番了，"哈里说，"把股票卖了吧，把赚到的钱还押在柿园地产公司股票的远期点差交易上面，然后仍旧顺势做点波动操作来收回投资的本钱。"

"你这个建议竟然这么不负责任，简直是令人难以置信，"沙马说，"我真是想不出比这更糟糕的了……"

"诺森罗克银行？"哈里反驳道。

沙马和哈里陷入了他们平日里习以为常的口角。我对马丁说："你为什么不卖出一半，然后留下另外一半在手里继续持有呢？这是一个过得去的解决办法，抵消你那笔调期套利交易的投资风险。"

"我喜欢这个主意，"马丁说，"我要出售一半柿园地产的股票，然后用投资收益买进布拉德福德及宾利银行的股票。这只股票似乎

值得赌上一把。"

拉塞尔斜倚在吧台上，说："你们都疯了。你们这是在垃圾堆里挖涵洞，可是这垃圾堆早晚是要塌陷的。"

"我打赌，你去年一定是赔钱了。"哈里说。

"不，我现在可是赚钱了，"他说，"请看看 ASOS 公司和尊谥公司的情况。"

"难道过去你没有买进 Corin 公司的股票吗？"沙马说，"他们也被市场给灭掉了，不是吗？"他在自己的电脑上轻轻地敲打着。"这就对了。自从史赛克公司不再从这家公司订货以来，它的股票价格就从 500 便士跌到了 150 便士。"

"是呀，不过我持有这家公司的股票数量微乎其微。"拉塞尔说。

"但是，你有许多乌克兰农场的股票，不是吗？我想，那些股票也不怎么样。"沙马说。

"按照我的买进价格，我现在还是赚钱的，只不过今年是个例外而已。"拉塞尔说。

"可是，我还是认为，我的投资业绩要比你领先许多。"沙马说。

2008 年 7 月 24 日，星期四：喝酒与按摩

一整天我都独自待着。尤妮斯一早就外出到滕布里奇·韦尔斯去了，当她回来的时候，我已准备离开家到股票俱乐部去。

"你刚才说什么来着，你打算干什么去？"她要离开的时候，我问她。

"我准备做一个印度式按摩，还有一种在耳朵上点蜡烛之类的新奇疗法。"

"到底你这是中了哪门子邪呀？"

"嗯，海伦那老一套的香薰疗法的香味让我感觉有点儿恶心。上星期我碰到了厄姆格德，她跟我说我的三脉七轮[①]尚未打通，瑜伽术的基础功还不够扎实。她找到了汤姆，显然他是个塑身瑜伽方面的

---

① Chakras，瑜伽术术语，三脉七轮中的"轮"，指人体精神力量的中心。三脉分左、中、右；七轮包括底轮、脐轮、太阳轮、心轮、喉轮、眉间轮、顶轮。——译者注

神方圣手，他可以让人的三脉七轮恢复定力与平衡。所以，今天我就要去上他的第一次瑜伽辅导课程。”

“在这个科技昌明的新时代怎么还有这么多胡说八道的东西？这回你恐怕又要花费不菲了，回家的时候身上好像还带着博茨瓦纳妓院的酒味，迷三倒四、精神恍惚得一连三天都不想给我下厨做饭。”

“那我可算是交上了好运气。”她满面春风地说。

“好吧，”我话音未落，门已经被“砰”地一声关上了，我只得低声地自言自语着，“你最好当心一点儿，这个叫汤姆的家伙是不是一个化了妆的、长着大胡子的南斯拉夫战犯。”

2008 年 7 月 25 日，星期五：皇室证券经纪人震撼人心

我几乎不敢相信《每日电讯报》今天早晨的内容。马尔科姆·卡尔弗特，现年 63 岁，来自英格兰东南部萨里郡的科巴姆，仪表不凡。他退休之前曾担任英国皇室御用私营投资银行卡赞诺夫银行的董事长。现在他因为涉嫌内幕交易而受到指控。这个主儿可不是一个油腔滑调的手推车货郎兼金融衍生品经纪人那么简单。他来自伦敦东区，事情可能大概就是如此而已。表面上看他是那么了不起：一位退伍的皇家空军中校，穿着四排扣子、颜色光鲜的上衣，衬衫袖口上还系着链扣，当他离开法庭的时候他还用手挡开了电视台记者的镜头。如今，我们还生活在一个封建思想这么严重的世界里，大家到底都活个什么劲啊！“金口玉言，驷马难追”这句老话似乎早已被人们忘记了。或许我确实有点嫉妒他，我也是一辈子替英国国防部工作，专门负责为全国的武装部队采购军火与装备，可是为什么我从来没有遇到哪个人向我提供各种各样的内幕消息，让我也可以抓住机会乘机中饱私囊呢？我要继续跟踪这个案件的进展，我会不惜一切代价地关注这件事情。

回到了柠檬斯坦，我打开电脑上网浏览经济新闻。我看到了让人非常生气的消息。能多洁公司再次发布了盈利预警。几周前我在这只股票上面欠缺的头寸（证券或外汇交易中未补抛空差额）已经被强制平仓了。当时，这家公司发布了一个盈利预警，不过此后其股票表现相当抗跌。今天这家公司又来了一次盈利预警，股票价格

这才一路下跌到了 71 便士。为什么我把握机遇的择时能力总是如此糟糕呢？我想，财神爷肯定是烦死我了。

午前茶点：我发现，那个霍恩比玩具抽屉又被入侵者彻底洗劫一空了。最后的两块柠檬凝乳馅饼也不见了，现在那儿只剩下一小块蛋糕。这就有点儿可疑了。尤妮斯从来不会给我留下蛋糕的。这块蛋糕上面包着覆膜，放在一个纸碟子上面，显得比普通蛋糕的橘红色还要重一些，而且上面还有许多黑棕色的坚果颗粒。上面还有一层糖衣似的东西，除非这是经过狡猾的敌人精心包装过的塑胶炸弹，否则这似乎是一个好消息。我想我还是先送一个样品到英国食品及农业事务部化验一下，然后我才能把它纳入我的食物链中。我拿了一个小小的样品送给普雷斯科特那只穿着小山羊皮的猪。“你认为怎么样，呃？这是不是毒药？”

正当我跟皮皮猪即将展开一场研讨会的时候，尤妮斯突然闯了进来。

“啊哈。你正在跟一个已经喂饱了的动物说话！我本来应该让你少切一点儿喂它的。”

“这是什么东西？”我问，拿出了那个纸碟子。

“这是厄姆格德送的礼物。”

我赶快把碟子丢在了地上，好像它是个烫手的山芋。我清楚地记得，去年尤妮斯这位思想“左派”的朋友由于吃了一罐我从乐购超市买来的自有品牌的芝麻酱，使得她的体温比正常体温低了 90 华氏度①。

“没事的，伯纳德，她已经原谅你了。”

我重新审视了一下那块蛋糕。我不知道，厄姆格德那种对于芝麻致命的过敏反应会不会跟这罐中东地区出产的芝麻酱有什么联系。我仍然认为这个严格的素食主义的老巫婆肯定想报仇雪恨，报复方式和时间都由她自己选择。眼前这个东西很可能就是用来报复我的。

“这是一种胡萝卜蛋糕，里面有茴香、黄麻籽和豆腐皮。”

---

① 此处所说尤妮斯的朋友体温比正常体温低了 90 华氏度纯属调侃。——译者注

"那好吧，你必须把这东西还给她，"我说，"大家肯定猜不出这是什么东西，真是真伪难辨。看上去，它几乎跟可以吃的食品没什么两样。"

"这确实是可以食用的啊。伯纳德，你怎么老是疑神疑鬼的呢？厄姆格德还给你听说过的几个大名鼎鼎的人物做过饭呢。"

"啊，是呀，亚历山大·利特维年科①，拉斯普钦②，白雪公主……"

"伯纳德，这个对你非常好。它包括了人体一周所需的各种必要的矿物质……"

"啊，你说的对，我肯定每一片都含有医生建议每天可以吃的最大剂量的砒霜、镉和二恶英。"

正在此时，尤妮斯一把抓住了那块现在已经粉身碎骨的蛋糕，扯掉上面的覆膜，然后自己吃了起来。

2008年7月26日，星期六：德本汉姆百货购物卡下落不明

尤妮斯回来了，她行动有点儿慌乱，她的购物之旅显然是没等逛完商店就提前回来了。

"伯纳德，你有没有见到德本汉姆百货商店的那个购物卡？我到处都找不到它。"

"为什么我就得知道它在哪儿？我从来也没有用过。"我回答。当然，我的秘密是，她说的那个东西在市政垃圾填埋场的某个地方埋了20多张。这个地方是琼斯一家控制预算情况的一个秘密地点。可是，假如我以为这个办法会减少尤妮斯零星的购物活动的话，那么我错了，她拎着4个满满当当的拉杆箱包回来了。她把它们放到

① Alexander Litvinenko，前克格勃间谍，在英国期间，死于钋210中毒。——译者注

② Rasputin，俄罗斯怪僧，江湖医生。1908年进宫给王子治疗血友病，得到皇室信赖。他在宫廷培植势力，影响国家政治。1916年，他被尤斯波夫公爵暗杀。公爵在宴请他时下了剧毒氰酸钾。——译者注

了厨房台面上，然后一个劲儿地摇头叹息。

“这次太让我尴尬了。因为没有卡，我只好现金结算了，所以我尽量克制自己，只买了一些基本的生活必需品。”她说。

我只是翻看了一个包包，便终于弄明白了基本的消费必需品到底有了什么新的定义：刻花玻璃瓶装的橄榄油调理棒（16.99 英镑），一个量意大利通心粉的定量的量杯（从美食家品牌商店花 6 英镑购得），还有一个花岗岩蒜臼和捣锤，价格为 20 英镑，最后还有一个塑料标枪似的东西，这东西可以用来给柠檬剥皮（2.50 英镑，名为“柠檬榨汁器”）。

“我想问一下，那些被你当做非基本的消费必需品，从而被剔除掉的都是哪些东西呢？”我说。

“我没有买面包机。”她说。

太经典了。我们最需要的正是这么一台面包机。

第19章 多蒂下落不明

2008 年 8 月 7 日，星期四：多蒂的深夜来电

今天深夜时分我接到了多蒂打来的电话。我感觉她精神非常迷糊，并且鼻涕一把泪一把的，听上去她好像又看到了我那已经去世的父亲。

“昨天晚上，我看到你老爸坐在我的床前，伯纳德。他说他正在等着我哩。”

“你很可能是在做梦，妈妈。”我说。

“不，我一直是坐在床上的，一边听着收音机，突然间他就突然出现了。当时我看着他，他问我们两个现在过得怎么样。后来他说，他在等着我到他那儿去。他问我，为什么我一直待了这么久还没有动身。”

“哎呀，他是 1988 年去世的，妈。但是，您不是一直活得好好的吗，您也算够高寿的了，不是吗？”

“不。伯纳德，我活得不够长。许多年来，我都是一个人孤孤单单地过日子。整天就知道看个电视。出门走在大街上，我认识的人越来越少了。这个地方全都改变了，所有的老商店都不见了，道路都被栅栏给阻断了。回想起过去的日子，经常会有人敲你的大门，看看你过得好不好。但是，现在这儿连送奶工人也不来了，邮递员倒像走马灯似的，每天换一个。甚至可汗先生的邮局都已经关门歇业了。”

“那儿的民政局不是有一个搞社会服务的女士吗？而且，我们也会经常去看您啊。”

“在我需要你的时候，你似乎从来都没有在我身边出现过。”

“哎呀，妈妈，公平地说，是你过去不让我们住得离您近一点儿，而且你反复声明你不希望住到养老院里养老。我不知道，我们做儿女的还能为你做点儿什么事情。”我温柔地说。

“我想到阴间你老爸那儿去，”她说，“我年纪大了，而且我身体又不好。”

2008 年 8 月 8 日，星期五：感觉好些了

到处都是不祥的预感，我开车顺便到弗罗比舍路去看望老妈。

她的精神似乎好多了，我开车带她到当地的“面包房”餐厅。我们在那儿一起吃了一个家庭装的香肠卷，两个巧克力泡芙，还喝了一壶茶。当我们在那儿坐着闲聊的时候，她告诉我她还想重新起草一个遗嘱。我尽量不让自己惊得把下巴跌到地上，有了香肠面包卷中黏稠的东西粘连着，它终于帮我做到了这一点。可是，我还是忍不住，把嘴里的面包屑都喷进了我那杯茶水里面。

“你知道，伯纳德，我是有那么一点儿钱。妇联的玛丽说像我这样的耄耋老人一般应该把这些钱全都用来购买股票。现在股市低迷，股票价格持续下跌，这时候尤其应该这么做。她认为我应该制定一个房产购置计划，以避免遗产税的征收问题。”

“这是个好建议，不过是否有一点儿晚了。你知道，多年以来，我也一直向你提出这个建议。”我说。我不知道自己的运气到底好不好。

后来，她说她已经跟自己的律师约好了下周一见面。我希望自己最好还是取得里德利、格利普与鲍提斯律师事务所的那个衣冠楚楚、傲慢自负的赫伯特·里德利先生的支持，上次我们谈话的时候他甚至拒绝向我透露我母亲的遗嘱现在的情况到底如何。

2008年8月9日，星期六：不祥的兆头

今天一觉醒来，我感觉情绪不错，我母亲最近突然变得冷静理智、神志清醒，这让我大受鼓舞。不过，情况很快就急转直下了。中午，我想打电话给她，我平常也是在这时候给她打电话，希望最后确认一下她下一周的日程安排。电话没人接。她一直都没有学会使用我给她买的那台电话自动答录机，所以我只能不停地给她拨电话，一直打了3个小时还是没有人接听。我有些担心，于是就打电话给她的近邻哈里森夫人。然后，哈里森夫人就到她家里打探究竟去了。我等了几分钟，然后哈里森夫人给我回了电话，电话里她说话有点儿上气不接下气的。她拿到了一张我母亲门上贴的便条。便条上只是写着：“我见你老爸杰弗里去了。不回来了。”

一惊之下，我几乎昏倒。但是，我还是要尽量保持镇定。等我略微定了定神儿，才问哈里森夫人，她有没有看到我老妈那辆搁在

门廊里的莫里斯三轮摩托车。她说刚才她没注意摩托车到底在不在那儿。她敲门敲了好几分钟，也不见有人应声开门。于是，她按照我的指示使用备用的后门钥匙开了门。多蒂总是把这把钥匙放在安德鲁·劳埃德·韦伯牌的铁制刮鞋板下面。几分钟之后，她用多蒂家里的电话打给我说，她连我老妈的影子都没有见到，不过，房子似乎弄得比平常还要整洁得多。她还注意到，多蒂最好的大衣与头巾已经不在了，没有挂在平时挂衣服的架子上。一打完电话，我就听到尤妮斯在门口用钥匙开门的声音。她瞥了我一眼，就知道家里一定出了事情。

“我老妈跑去会我老爸了!”

“可是，你爸爸一九八几年就过世了呀，”尤妮斯说，“这个老不死的傻老婆子。”

“不，尤妮斯，她真的找我爸去了。我叫哈里森夫人到房子里面看了看。莫里斯牌摩托车不在，她一定是离开家到什么地方去了。她还穿上了自己最喜欢的衣服。”

“好吧，赶快先打个电话报警吧。”尤妮斯说。

不过，在打通 999 报警之后，电话被转接到了突发事件处置办公室，当班的女警官教训我说，这还算不上突发性事件。

“可是，她毕竟已经是 92 岁高龄的人了啊!”

“不错，但是你说她是刚刚失踪的，时间才两个小时。如果她还有能力开踏板摩托车，那么她肯定没有丧失正常的判断能力。”这位女警官说。“我们目前还不能发出失踪公告，说有一个人失踪了。不过，我们会了解一下情况，看看在那个社区附近有没有一个社区协管警官在值勤，让他注意盯着点儿，看看能不能找到她。”

这还是不能解决问题，我们只得亲自出马，四处走走转转，看看能不能找到多蒂。尽管有点不大情愿，尤妮斯还是同意取消了她和汤姆事先约定的印度传统医疗按摩，跟我一块儿到艾尔沃斯寻找老妈。虽然我想把车开快一点儿，可我们不久就被堵在了 M25 公路缓慢前进的车流中。

“她能到什么地方去呢?”尤妮斯问。

“这不是明摆着的吗，既然我老爸埋在汉威尔公墓，那么我们还是从那儿开始找吧。除此之外，我也没有什么线索了。”

“难道你认为她会开莫里斯摩托车跑那么远吗?”她说。

“假如她记得给摩托车充电的话，就有可能。不过，我还记得她曾经想找个地方把炸过土豆条的剩油倒进摩托车的电池盒子里去，因为她曾经在电视节目里看到人们可以加这种油开拖拉机。”

“我想，既然情况如此，那还是有希望的。我想我们应该从她的房子开始寻找线索，然后顺着她可能走的路线跟踪她。”

“姑且假定她到公墓去了吧。”我说。

我们的第一站是哈里森夫人的家里，她说多蒂没有回来。她把我带进了多蒂的房子。我找到了她的紧急联系人电话号码簿，我给上面每个电话号码打电话。这既包括所有社会服务组织的电话号码，空巢老年人白天看护组织的电话号码，还包括社区服务中心的电话号码。我甚至还给妇联的玛丽打了电话，问多蒂是否在她那儿。一切全是白费工夫。

随后，我们开车赶到了公墓。经过车声嘈杂的乌桥路，我们来到了一片安静的地方，走过了公墓那个哥特式风格的拱门。在那儿，四周连一个人影儿也没有。我们花了一些时间找到了父亲的坟墓，它的位置要比我记忆中的位置还要靠后一些。我甚至连我爸爸的坟墓位置都记不清楚，这让我心里充满了愧疚。平滑的黑色花岗岩墓碑上面写着简单的铭文，旁边还有一处为老妈留下的空位，坟墓仍然像刚刚修建的样子。不过，花瓶里的鲜花就不能这么说了，这些花在瓶子里面早已枯萎了许多年了。没有任何迹象表明，最近有人到这个坟头上来祭奠过。当然，我自己也有许多年没有来过了。

下一步应该到哪儿寻找呢?谁也不知道。于是，我们只得开车回到了多蒂的房子。尤妮斯在家庭照片中间翻腾着，她问我一些问题，比如老妈和老爸是在什么地方结的婚，在哪儿度的蜜月，他们最幸福的日子是在哪儿度过的。“我的意思是说，假如你老妈出去是要找你爸，那么，她很可能会选择去一个他们两个人都感觉非常幸福的地方，你说她会不会那样做呢?”

“这倒是个好主意，”我说，“不幸的是，许多细节我都不清楚，毕竟那时候还没有我呢。”

“快点儿想想吧，伯纳德，她一定告诉过你的。”

“他们是在里彭结的婚，可是她要到那儿去可不大容易。如果我没有记错的话，他们的蜜月是在英国的海外属地曼岛度过的。不过，至于说哪儿是他们感觉最幸福温馨的地方，我还真的不清楚。”

到了6点钟，我们都感觉饥肠辘辘了。所以，我们决定先去弄点儿比萨饼或者咖喱饭填饱肚子。我们沿着同一条路线走着，走过了弗罗比舍路，沿着特威肯汉路向汉威尔走去。这条路很可能是多蒂出走的路线。尽管车流穿梭，喇叭咆哮，那儿似乎有一束温暖的、悦人的希望之光，还有一种甜蜜却又混杂着酸臭的气味。我认为后一种气味是由于我们已经距离巨大的西梅德萨斯排水管道很近了，只有一百多米了。

在艾尔沃斯火车站的前面，我们路过了一条草木茂密的铁路路堤。顺着这条路堤我们走到了一座横跨铁路的涵洞桥上面，涵洞里面塞满了超市的手推车和垃圾。桥下的某个东西吸引了我的眼球。在垃圾中间，我能够看到一辆上下颠倒的红色摩托车。当我指着它给尤妮斯看时，她用手掩住了嘴。我小心翼翼地越过了锈蚀严重的残破栏杆，然后沿着湿滑的轨道向下走了10英尺。我把这辆摩托车摆正放好，然后仔细审视了一番。它的品牌与型号恰好跟母亲的车子一样，不过，左侧一边的塑料嵌板已经破碎了。在转向的圆柱上面有一个明确无误的辨识标记——一个塑料标牌，这是杰迈玛给多蒂购买的，标牌上面写着这样的话“地狱奶奶”。这肯定是莫里斯无疑了，但是多蒂在哪儿呢？我的心在怦怦乱跳，我在杂草和狗舌草中间拨弄着，这种草在下水管道旁边枝蔓丛生。尽管以前我曾千方百计想要得到多蒂的遗产，可是现在我感觉到，我宁愿永远彻底地放弃遗产，我只想知道她现在还活着，而且是安全的。

除了可乐瓶子、奇怪的喷水器、狗屎以及打碎的酒杯，桥下什么东西也没有。奇怪的是，摩托车根本不可能从这儿开下去。多蒂也根本不可能有力气推着它走下去。到底在这儿发生过什么事情？这事情涉及除了多蒂之外的另外某个人。我根本不知道发生了什么事情，但是我感觉情况似乎不太妙。

“你说你妈会不会搭火车到伦敦去了？”尤妮斯说。

“有可能。”

“假如她在车站和莫里斯摩托车分了手，在她离开之后，可能是小流氓把这辆摩托车扔下桥来的。”

“我想，这应该是最乐观的情况了。”我说。

我们向艾尔沃斯车站走去，希望找到某个站台上的车站员工，他或许能够记得多蒂今天有没有打这儿通过。尽管售票处还有人，不过那儿的工作人员说他刚刚上班，不到半小时的时间。似乎那儿也没有别的人可以问询。道路上方的站台横跨了圣约翰路，上面只有三三两两的游人。他们都是走在北边一侧，这条铁路向前延伸进入了滑铁卢火车站。另外一侧的站台上一个人也没有。我穿过站台，我发现站在站台上的人可以清楚地看到发生在莫里斯这辆摩托车身上的一切事情，他们很有可能会看到我老妈在铁路堤上的情景。

在记忆的边缘，某种东西开始轻轻地激励着我，让我懂得为什么老妈可能会去伦敦。过去爸爸常常给我和姐姐伊冯娜唱一首童年的儿歌：

“鹈鹕是种神奇鸟，

嘴比肚子更能咬。”

那首儿歌的意思似乎对于他们夫妻两个具有某种特殊的意义。这与他们两个人的第一次邂逅相遇有某种联系。突然之间，我明白了一切。

“快点来，尤妮斯，咱们还是到城里用晚餐吧。我想我们可以在那儿找到我老妈。”

于是，我们坐火车到了滑铁卢，然后我们转乘火车到了地铁北线，在那儿的地下车站，我们融入了到剧院看戏的人流当中。在查令十字街我们走出了人流，随后我们穿过了特拉法加尔广场。头顶上一群群的鸽子在盘旋游弋，当鸽子进入落日余晖的时候，它们的颜色就从灰色转变成了白色。

“快点儿，我们得动作快一点儿。”我说。这时，我指挥着我那个迷惑不解的老婆穿过了许多地下通道，还有不少建立鹈鹕保护区上方的人行天桥。我们向购物中心的方向走去，随后我们走过了一条向左的急转弯道路，我们进入了骑警路。在道路左边，过了骑兵阅兵场以及克莱夫[①]气势恢弘的帝王雕塑，还有基钦纳勋爵和蒙巴顿将军的雕像，那儿有许多当代英国权力最大的政府机构：唐宁街、财政部、外交部及英联邦办公室。道路右边则截然不同，这里是更有情感色彩的建筑聚集区，圣詹姆斯公园就在那儿。在即将到来的黄昏，它也染上一层金黄色，和平宁静，薄雾在湖面上聚拢着。鸭子嘎嘎的叫声，乌鸦哇哇的叫声，淹没了远处车辆的咆哮声。成双成对的游人们在板凳上紧密地依偎着，黄昏锻炼身体的人跑得上气不接下气，在临近黄昏的公园小径上，他们转来转去地跑着，腰里还别着 iPod。在公园中心区的那片鸭岛上，我们看到一个孤单的鹈鹕，正在伸展着它的双翅。

“我们走了这么远的路，伯纳德，我真希望你的判断是正确的。”尤妮斯说道。

“我非常肯定，她很可能会待在这个地方。”我的记忆逐渐清晰起来，我准确地理解了妈妈小时候多次给我讲的一个故事。那是1936 年 7 月 20 日，当年她还是青春年少、娇美如花的时候。那天，她离开了枯燥乏味的办公楼，午餐休息时间很长，她就坐在圣詹姆斯公园里休息。就在这个时候，有一个年轻的绅士路过，而且向她行脱帽礼。几分钟以后，他又走了回来，又行了一个脱帽礼，然后坐在了板凳的另一端。有一段时间，两个人什么也没有说，但是正当母亲要吃一块三明治的时候，一只鹈鹕从湖边走出来，并且正好向板凳这边走过来。母亲手里撕下了三明治的一个角，然后向那只鹈鹕扔去。这只鸟胆子大了起来，它直接走了上来，在母亲的手里把剩下的三明治也吃了。“午餐就这么吃完了。”她对那个绅士说道，那个绅士把那只鸟赶走了。

“他总是那么文质彬彬的，”多蒂总是这么说，“他说，‘我想，假如我想出钱补偿你损失的食物不会太冒昧吧，能到我的公司来一趟吗?’”

就这样，他们一起到了里昂街角酒吧喝茶，尽管母亲冒着耽误工作时间的风险。我把这个故事讲给尤妮斯听，当我们在湖边散步

① Robert Clive (1725—1774 年)，英国士兵、政治家，在保卫英国印度利益的过程中起过重要作用。——译者注

的时候，我们同时还仔细地观察着坐在板凳上的每个人。在前面 50 米横跨这个湖泊最窄处的蓝桥附近，我看到了母亲。她穿上了她最好的大衣，戴着头巾，她的双手搁在一把雨伞上面。我还可以想象 72 年前在此地上演的那一幕，随着时间的流逝，那一幕越发的值得回忆。透过她那娇小玲珑的身材，我甚至可以依稀看到一个优雅而清纯的年轻女郎。这段往事给她留下了刻骨铭心的记忆。

我走近母亲，她没有抬眼看我，但是似乎她对于我们找到她这件事情也丝毫不感到意外。

“你还好吧，妈妈。”我说，坐在她身边的那个板凳上。

“你好，伯纳德。”

“我们一直像鹈鹕一样漫无头绪地找你，你知道吧。我们大家都非常担心你。”

“从今天早晨开始我就一直在这儿等着，我在等待着。他向我许诺他要来的，可是他到现在都还没有来。”

“男人总是这样。”尤妮斯小声地嘀咕。

“妈妈，”我说，“现在天气有点凉了。我想我们今天就到此为止吧，现在最好是先回家去吧，你说呢？”

她点了点头，让我帮助她站起来，她脆弱得就像是一只小鸟，身上还穿着厚厚的羊毛大衣。

“好了，让我们给你倒上一杯好茶。然后，我们可以把你一块儿带回家。我想，我老爸的在天之灵也会希望你这样做的，你说呢？”

毁灭优秀公司的七宗罪 沃顿商学院图书 中国人民大学出版社

《毁灭优秀公司的七宗罪》

The Self-destructive Habits of Good Companies

Jagdish N. Sheth 著 仲理峰 译

出版时间:2010 年 10 月 定价:39 元

ISBN:978-7-300-12719-4

通用、福特、AT&T、西尔斯、柯达

它们都曾盛极一时,成为卓越企业的代表,然而却走向失败。

为什么连卓越的企业都会崩溃?为什么优秀的企业都在重蹈着覆辙?怎样避免衰败宿命的罪与罚?

找出答案。为您的企业在黑暗中点亮灯火。赶在你摧毁自己之前,发现毁灭自己的致命习惯:自欺欺人、傲慢、自满、竞争力依赖、竞争近视、数量沉迷和领地守护,并将这些问题全部根除!

然后,让你的企业养成所需的好习惯,培养可持续盈利能力和市场领导地位。这本书会告诉你怎么做——从始至终,娓娓道来。

成为事业与生活的双重赢家 沃顿商学院图书 中国人民大学出版社

《成为事业与生活的双重赢家》

Winners Never Cheat Even in Difficult Times

JON M. HUNTSMAN 著 冯蕊译

出版时间:2010 年 10 月 定价:29 元

ISB:978-7-300-12708-8

也许从前不是这个样子的。 但时过境迁了。 在目前的经济形势下,现在你要是想成功,你就得作出妥协,对不对?

错。 你完全可以在不牺牲原则(它才会使你的生命活得有意义)的情况下登上最高峰。 证据是什么? 你自己就是那最高峰。

在《成为事业与生活的双重赢家》一书里,亨茨曼告诉你他是怎么成功的,你也一样可以这样做。 这本书是要你牢记你为什么要工作,为什么是你被选中成为领导者。 本书是讲述无论遭遇多大阻力,你都要有勇气去做你所知道的正确的事。

它告诉你有关获胜的事,走正道而获胜。

想一想你愿意和什么样的人做生意。 然后,让自己成为那样的人——用这本书帮助你做到吧。

“读好书吧”读书俱乐部

“答问题，得积分”活动

轻松注册，成为会员，享受“读好书吧”的会员优惠政策。读完《股狂日记》，回答以下问题中的任意两个，就可以获得3分积分：

◇伯纳德经常喜欢一个人躲在书斋里，他把书斋叫做什么？

◇地狱钟声股票俱乐部都有哪些经常参加活动的股友？

◇是谁通过空投平仓帮助股票俱乐部挽回了不少经济损失？

◇伯纳德的妈妈多蒂的遗嘱是什么？

◇妈妈忽然离家出走后，伯纳德在哪里找到了她？

累积积分，就有机会享受针对会员的优惠政策。多多参与写书评的活动，还有机会成为我们的“书评之星”，获得意想不到的奖励！更多活动细则，参见网站说明：

http://www.crup.com.cn/djbooks

http://www.a-okbook.com

请将你的答案发送至：djbooks@crup.com.cn

Dunces with Wolves: The Third Volume of the Bernard Jones Investing Diaries
by Nick Louth

Originally published in the UK by Harriman House Ltd in 2008, www. harriman-house. com.

图书在版编目（CIP）数据

股狂日记：伯纳德·琼斯投资日记/劳斯著；王著定译.
北京：中国人民大学出版社，2010
ISBN 978-7-300-13032-3

Ⅰ.①股…
Ⅱ.①劳…②王…
Ⅲ.①股票-证券投资-基本知识
Ⅳ.①F830.91

中国版本图书馆 CIP 数据核字（2010）第 223874 号

股狂日记
[英] 尼克·劳斯　著
王著定　译
Gukuang Riji

出版发行	中国人民大学出版社		
社　　址	北京中关村大街 31 号	**邮政编码**	100080
电　　话	010－62511242（总编室）		010－62511398（质管部）
	010－82501766（邮购部）		010－62514148（门市部）
	010－62515195（发行公司）		010－62515275（盗版举报）
网　　址	http://www.crup.com.cn		
	http://www.ttrnet.com(人大教研网)		
经　　销	新华书店		
印　　刷	北京联兴盛业印刷股份有限公司		
规　　格	160 mm×235 mm　18 开本	**版　　次**	2010 年 12 月第 1 版
印　　张	15.75 插页 1	**印　　次**	2010 年 12 月第 1 次印刷
字　　数	196 000	**定　　价**	36.00 元